Registre des adhérents d'association

OUVERT LE ___ / ___ / _____

CLÔTURÉ LE ___ / ___ / _____

Copyright © Cahiers de suivi

Renseignement sur l'association

Dénomination de l'association	
Date de création de l'association	
Objet de l'association	
Adresse	
Téléphone	
Email / Site web	
Autre informations	

N° d'adhésion	Date d'adhésion	Nouveau membre	Nom et prénom	Email
	__/__/____	◯ Oui ◯ Non		
	__/__/____	◯ Oui ◯ Non		
	__/__/____	◯ Oui ◯ Non		
	__/__/____	◯ Oui ◯ Non		
	__/__/____	◯ Oui ◯ Non		
	__/__/____	◯ Oui ◯ Non		
	__/__/____	◯ Oui ◯ Non		
	__/__/____	◯ Oui ◯ Non		
	__/__/____	◯ Oui ◯ Non		
	__/__/____	◯ Oui ◯ Non		
	__/__/____	◯ Oui ◯ Non		
	__/__/____	◯ Oui ◯ Non		
	__/__/____	◯ Oui ◯ Non		
	__/__/____	◯ Oui ◯ Non		
	__/__/____	◯ Oui ◯ Non		
	__/__/____	◯ Oui ◯ Non		
	__/__/____	◯ Oui ◯ Non		
	__/__/____	◯ Oui ◯ Non		
	__/__/____	◯ Oui ◯ Non		
	__/__/____	◯ Oui ◯ Non		
	__/__/____	◯ Oui ◯ Non		
	__/__/____	◯ Oui ◯ Non		
	__/__/____	◯ Oui ◯ Non		
N° d'adhésion	Date d'adhésion	Nouveau membre		

Adresse	Téléphone	Montant de règlement	Nature de règlement	Valable jusqu'au
				_/_/___
				_/_/___
				_/_/___
				_/_/___
				_/_/___
				_/_/___
				_/_/___
				_/_/___
				_/_/___
				_/_/___
				_/_/___
				_/_/___
				_/_/___
				_/_/___
				_/_/___
				_/_/___
				_/_/___
				_/_/___
				_/_/___
				_/_/___
				_/_/___
				_/_/___
Adresse	Téléphone	Montant de règlement	Nature de règlement	Valable jusqu'au

N° d'adhésion	Date d'adhésion	Nouveau membre	Nom et prénom	Email
	_/_/____	◯ Oui ◯ Non		
	_/_/____	◯ Oui ◯ Non		
	_/_/____	◯ Oui ◯ Non		
	_/_/____	◯ Oui ◯ Non		
	_/_/____	◯ Oui ◯ Non		
	_/_/____	◯ Oui ◯ Non		
	_/_/____	◯ Oui ◯ Non		
	_/_/____	◯ Oui ◯ Non		
	_/_/____	◯ Oui ◯ Non		
	_/_/____	◯ Oui ◯ Non		
	_/_/____	◯ Oui ◯ Non		
	_/_/____	◯ Oui ◯ Non		
	_/_/____	◯ Oui ◯ Non		
	_/_/____	◯ Oui ◯ Non		
	_/_/____	◯ Oui ◯ Non		
	_/_/____	◯ Oui ◯ Non		
	_/_/____	◯ Oui ◯ Non		
	_/_/____	◯ Oui ◯ Non		
	_/_/____	◯ Oui ◯ Non		
	_/_/____	◯ Oui ◯ Non		
	_/_/____	◯ Oui ◯ Non		
	_/_/____	◯ Oui ◯ Non		
	_/_/____	◯ Oui ◯ Non		
	_/_/____	◯ Oui ◯ Non		

| N° d'adhésion | Date d'adhésion | Nouveau membre | Nom et prénom | Email |

Adresse	Téléphone	Montant de règlement	Nature de règlement	Valable jusqu'au
				_ _/_ _/_ _ _ _
				_ _/_ _/_ _ _ _
				_ _/_ _/_ _ _ _
				_ _/_ _/_ _ _ _
				_ _/_ _/_ _ _ _
				_ _/_ _/_ _ _ _
				_ _/_ _/_ _ _ _
				_ _/_ _/_ _ _ _
				_ _/_ _/_ _ _ _
				_ _/_ _/_ _ _ _
				_ _/_ _/_ _ _ _
				_ _/_ _/_ _ _ _
				_ _/_ _/_ _ _ _
				_ _/_ _/_ _ _ _
				_ _/_ _/_ _ _ _
				_ _/_ _/_ _ _ _
				_ _/_ _/_ _ _ _
				_ _/_ _/_ _ _ _
				_ _/_ _/_ _ _ _
				_ _/_ _/_ _ _ _
				_ _/_ _/_ _ _ _
				_ _/_ _/_ _ _ _
				_ _/_ _/_ _ _ _
Adresse	Téléphone	Montant de règlement	Nature de règlement	Valable jusqu'au

N° d'adhésion	Date d'adhésion	Nouveau membre	Nom et prénom	Email
	__/__/____	◯Oui ◯Non		
	__/__/____	◯Oui ◯Non		
	__/__/____	◯Oui ◯Non		
	__/__/____	◯Oui ◯Non		
	__/__/____	◯Oui ◯Non		
	__/__/____	◯Oui ◯Non		
	__/__/____	◯Oui ◯Non		
	__/__/____	◯Oui ◯Non		
	__/__/____	◯Oui ◯Non		
	__/__/____	◯Oui ◯Non		
	__/__/____	◯Oui ◯Non		
	__/__/____	◯Oui ◯Non		
	__/__/____	◯Oui ◯Non		
	__/__/____	◯Oui ◯Non		
	__/__/____	◯Oui ◯Non		
	__/__/____	◯Oui ◯Non		
	__/__/____	◯Oui ◯Non		
	__/__/____	◯Oui ◯Non		
	__/__/____	◯Oui ◯Non		
	__/__/____	◯Oui ◯Non		
	__/__/____	◯Oui ◯Non		
	__/__/____	◯Oui ◯Non		
	__/__/____	◯Oui ◯Non		
N° d'adhésion	Date d'adhésion	Nouveau membre	Nom et prénom	Email

Adresse	Téléphone	Montant de règlement	Nature de règlement	Valable jusqu'au
				_/_/____
				_/_/____
				_/_/____
				_/_/____
				_/_/____
				_/_/____
				_/_/____
				_/_/____
				_/_/____
				_/_/____
				_/_/____
				_/_/____
				_/_/____
				_/_/____
				_/_/____
				_/_/____
				_/_/____
				_/_/____
				_/_/____
				_/_/____
				_/_/____
				_/_/____
Adresse	Téléphone	Montant de règlement	Nature de règlement	Valable jusqu'au

N° d'adhésion	Date d'adhésion	Nouveau membre	Nom et prénom	Email
	__/__/____	○ Oui ○ Non		
	__/__/____	○ Oui ○ Non		
	__/__/____	○ Oui ○ Non		
	__/__/____	○ Oui ○ Non		
	__/__/____	○ Oui ○ Non		
	__/__/____	○ Oui ○ Non		
	__/__/____	○ Oui ○ Non		
	__/__/____	○ Oui ○ Non		
	__/__/____	○ Oui ○ Non		
	__/__/____	○ Oui ○ Non		
	__/__/____	○ Oui ○ Non		
	__/__/____	○ Oui ○ Non		
	__/__/____	○ Oui ○ Non		
	__/__/____	○ Oui ○ Non		
	__/__/____	○ Oui ○ Non		
	__/__/____	○ Oui ○ Non		
	__/__/____	○ Oui ○ Non		
	__/__/____	○ Oui ○ Non		
	__/__/____	○ Oui ○ Non		
	__/__/____	○ Oui ○ Non		
	__/__/____	○ Oui ○ Non		
	__/__/____	○ Oui ○ Non		
	__/__/____	○ Oui ○ Non		

Adresse	Téléphone	Montant de règlement	Nature de règlement	Valable jusqu'au
				_/_/___
				_/_/___
				_/_/___
				_/_/___
				_/_/___
				_/_/___
				_/_/___
				_/_/___
				_/_/___
				_/_/___
				_/_/___
				_/_/___
				_/_/___
				_/_/___
				_/_/___
				_/_/___
				_/_/___
				_/_/___
				_/_/___
				_/_/___
				_/_/___
				_/_/___
Adresse	Téléphone	Montant de règlement	Nature de règlement	Valable jusqu'au

N° d'adhésion	Date d'adhésion	Nouveau membre	Nom et prénom	Email
	__/__/____	◯ Oui ◯ Non		
	__/__/____	◯ Oui ◯ Non		
	__/__/____	◯ Oui ◯ Non		
	__/__/____	◯ Oui ◯ Non		
	__/__/____	◯ Oui ◯ Non		
	__/__/____	◯ Oui ◯ Non		
	__/__/____	◯ Oui ◯ Non		
	__/__/____	◯ Oui ◯ Non		
	__/__/____	◯ Oui ◯ Non		
	__/__/____	◯ Oui ◯ Non		
	__/__/____	◯ Oui ◯ Non		
	__/__/____	◯ Oui ◯ Non		
	__/__/____	◯ Oui ◯ Non		
	__/__/____	◯ Oui ◯ Non		
	__/__/____	◯ Oui ◯ Non		
	__/__/____	◯ Oui ◯ Non		
	__/__/____	◯ Oui ◯ Non		
	__/__/____	◯ Oui ◯ Non		
	__/__/____	◯ Oui ◯ Non		
	__/__/____	◯ Oui ◯ Non		
	__/__/____	◯ Oui ◯ Non		
	__/__/____	◯ Oui ◯ Non		
N° d'adhésion	Date d'adhésion	Nouveau membre	Nom et prénom	Email

Adresse	Téléphone	Montant de règlement	Nature de règlement	Valable jusqu'au
				_ _/_ _/_ _ _ _
				_ _/_ _/_ _ _ _
				_ _/_ _/_ _ _ _
				_ _/_ _/_ _ _ _
				_ _/_ _/_ _ _ _
				_ _/_ _/_ _ _ _
				_ _/_ _/_ _ _ _
				_ _/_ _/_ _ _ _
				_ _/_ _/_ _ _ _
				_ _/_ _/_ _ _ _
				_ _/_ _/_ _ _ _
				_ _/_ _/_ _ _ _
				_ _/_ _/_ _ _ _
				_ _/_ _/_ _ _ _
				_ _/_ _/_ _ _ _
				_ _/_ _/_ _ _ _
				_ _/_ _/_ _ _ _
				_ _/_ _/_ _ _ _
				_ _/_ _/_ _ _ _
				_ _/_ _/_ _ _ _
				_ _/_ _/_ _ _ _
				_ _/_ _/_ _ _ _
				_ _/_ _/_ _ _ _
Adresse	Téléphone	Montant de règlement	Nature de règlement	Valable jusqu'au

N° d'adhésion	Date d'adhésion	Nouveau membre	Nom et prénom	Email
	_/_/____	◯ Oui ◯ Non		
	_/_/____	◯ Oui ◯ Non		
	_/_/____	◯ Oui ◯ Non		
	_/_/____	◯ Oui ◯ Non		
	_/_/____	◯ Oui ◯ Non		
	_/_/____	◯ Oui ◯ Non		
	_/_/____	◯ Oui ◯ Non		
	_/_/____	◯ Oui ◯ Non		
	_/_/____	◯ Oui ◯ Non		
	_/_/____	◯ Oui ◯ Non		
	_/_/____	◯ Oui ◯ Non		
	_/_/____	◯ Oui ◯ Non		
	_/_/____	◯ Oui ◯ Non		
	_/_/____	◯ Oui ◯ Non		
	_/_/____	◯ Oui ◯ Non		
	_/_/____	◯ Oui ◯ Non		
	_/_/____	◯ Oui ◯ Non		
	_/_/____	◯ Oui ◯ Non		
	_/_/____	◯ Oui ◯ Non		
	_/_/____	◯ Oui ◯ Non		
	_/_/____	◯ Oui ◯ Non		
	_/_/____	◯ Oui ◯ Non		
	_/_/____	◯ Oui ◯ Non		
N° d'adhésion	Date d'adhésion	Nouveau membre	Nom et prénom	Email

Adresse	Téléphone	Montant de règlement	Nature de règlement	Valable jusqu'au
				_/_/____
				_/_/____
				_/_/____
				_/_/____
				_/_/____
				_/_/____
				_/_/____
				_/_/____
				_/_/____
				_/_/____
				_/_/____
				_/_/____
				_/_/____
				_/_/____
				_/_/____
				_/_/____
				_/_/____
				_/_/____
				_/_/____
				_/_/____
				_/_/____
				_/_/____
Adresse	Téléphone	Montant de règlement	Nature de règlement	Valable jusqu'au

N° d'adhésion	Date d'adhésion	Nouveau membre	Nom et prénom	Email
	_/_/____	◯Oui ◯Non		
	_/_/____	◯Oui ◯Non		
	_/_/____	◯Oui ◯Non		
	_/_/____	◯Oui ◯Non		
	_/_/____	◯Oui ◯Non		
	_/_/____	◯Oui ◯Non		
	_/_/____	◯Oui ◯Non		
	_/_/____	◯Oui ◯Non		
	_/_/____	◯Oui ◯Non		
	_/_/____	◯Oui ◯Non		
	_/_/____	◯Oui ◯Non		
	_/_/____	◯Oui ◯Non		
	_/_/____	◯Oui ◯Non		
	_/_/____	◯Oui ◯Non		
	_/_/____	◯Oui ◯Non		
	_/_/____	◯Oui ◯Non		
	_/_/____	◯Oui ◯Non		
	_/_/____	◯Oui ◯Non		
	_/_/____	◯Oui ◯Non		
	_/_/____	◯Oui ◯Non		
	_/_/____	◯Oui ◯Non		
	_/_/____	◯Oui ◯Non		
	_/_/____	◯Oui ◯Non		
N° d'adhésion	Date d'adhésion	Nouveau membre	Nom et prénom	Email

Adresse	Téléphone	Montant de règlement	Nature de règlement	Valable jusqu'au
				_/_/____
				_/_/____
				_/_/____
				_/_/____
				_/_/____
				_/_/____
				_/_/____
				_/_/____
				_/_/____
				_/_/____
				_/_/____
				_/_/____
				_/_/____
				_/_/____
				_/_/____
				_/_/____
				_/_/____
				_/_/____
				_/_/____
				_/_/____
				_/_/____
				_/_/____
Adresse	Téléphone	Montant de règlement	Nature de règlement	Valable jusqu'au

N° d'adhésion	Date d'adhésion	Nouveau membre	Nom et prénom	Email
	__/__/____	◯Oui ◯Non		
	__/__/____	◯Oui ◯Non		
	__/__/____	◯Oui ◯Non		
	__/__/____	◯Oui ◯Non		
	__/__/____	◯Oui ◯Non		
	__/__/____	◯Oui ◯Non		
	__/__/____	◯Oui ◯Non		
	__/__/____	◯Oui ◯Non		
	__/__/____	◯Oui ◯Non		
	__/__/____	◯Oui ◯Non		
	__/__/____	◯Oui ◯Non		
	__/__/____	◯Oui ◯Non		
	__/__/____	◯Oui ◯Non		
	__/__/____	◯Oui ◯Non		
	__/__/____	◯Oui ◯Non		
	__/__/____	◯Oui ◯Non		
	__/__/____	◯Oui ◯Non		
	__/__/____	◯Oui ◯Non		
	__/__/____	◯Oui ◯Non		
	__/__/____	◯Oui ◯Non		
	__/__/____	◯Oui ◯Non		
	__/__/____	◯Oui ◯Non		
	__/__/____	◯Oui ◯Non		
N° d'adhésion	Date d'adhésion	Nouveau membre	Nom et prénom	Email

Adresse	Téléphone	Montant de règlement	Nature de règlement	Valable jusqu'au
				_/_/____
				_/_/____
				_/_/____
				_/_/____
				_/_/____
				_/_/____
				_/_/____
				_/_/____
				_/_/____
				_/_/____
				_/_/____
				_/_/____
				_/_/____
				_/_/____
				_/_/____
				_/_/____
				_/_/____
				_/_/____
				_/_/____
				_/_/____
				_/_/____
				_/_/____
				_/_/____
Adresse	Téléphone	Montant de règlement	Nature de règlement	Valable jusqu'au

N° d'adhésion	Date d'adhésion	Nouveau membre	Nom et prénom	Email
	__/__/____	◯ Oui ◯ Non		
	__/__/____	◯ Oui ◯ Non		
	__/__/____	◯ Oui ◯ Non		
	__/__/____	◯ Oui ◯ Non		
	__/__/____	◯ Oui ◯ Non		
	__/__/____	◯ Oui ◯ Non		
	__/__/____	◯ Oui ◯ Non		
	__/__/____	◯ Oui ◯ Non		
	__/__/____	◯ Oui ◯ Non		
	__/__/____	◯ Oui ◯ Non		
	__/__/____	◯ Oui ◯ Non		
	__/__/____	◯ Oui ◯ Non		
	__/__/____	◯ Oui ◯ Non		
	__/__/____	◯ Oui ◯ Non		
	__/__/____	◯ Oui ◯ Non		
	__/__/____	◯ Oui ◯ Non		
	__/__/____	◯ Oui ◯ Non		
	__/__/____	◯ Oui ◯ Non		
	__/__/____	◯ Oui ◯ Non		
	__/__/____	◯ Oui ◯ Non		
	__/__/____	◯ Oui ◯ Non		
	__/__/____	◯ Oui ◯ Non		
	__/__/____	◯ Oui ◯ Non		
N° d'adhésion	Date d'adhésion	Nouveau membre	Nom et prénom	Email

Adresse	Téléphone	Montant de règlement	Nature de règlement	Valable jusqu'au
				_/_/___
				_/_/___
				_/_/___
				_/_/___
				_/_/___
				_/_/___
				_/_/___
				_/_/___
				_/_/___
				_/_/___
				_/_/___
				_/_/___
				_/_/___
				_/_/___
				_/_/___
				_/_/___
				_/_/___
				_/_/___
				_/_/___
				_/_/___
				_/_/___
				_/_/___
Adresse	Téléphone	Montant de règlement	Nature de règlement	Valable jusqu'au

N° d'adhésion	Date d'adhésion	Nouveau membre	Nom et prénom	Email
	__/__/____	◯ Oui ◯ Non		
	__/__/____	◯ Oui ◯ Non		
	__/__/____	◯ Oui ◯ Non		
	__/__/____	◯ Oui ◯ Non		
	__/__/____	◯ Oui ◯ Non		
	__/__/____	◯ Oui ◯ Non		
	__/__/____	◯ Oui ◯ Non		
	__/__/____	◯ Oui ◯ Non		
	__/__/____	◯ Oui ◯ Non		
	__/__/____	◯ Oui ◯ Non		
	__/__/____	◯ Oui ◯ Non		
	__/__/____	◯ Oui ◯ Non		
	__/__/____	◯ Oui ◯ Non		
	__/__/____	◯ Oui ◯ Non		
	__/__/____	◯ Oui ◯ Non		
	__/__/____	◯ Oui ◯ Non		
	__/__/____	◯ Oui ◯ Non		
	__/__/____	◯ Oui ◯ Non		
	__/__/____	◯ Oui ◯ Non		
	__/__/____	◯ Oui ◯ Non		
	__/__/____	◯ Oui ◯ Non		
	__/__/____	◯ Oui ◯ Non		
	__/__/____	◯ Oui ◯ Non		
N° d'adhésion	Date d'adhésion	Nouveau membre	Nom et prénom	Email

Adresse	Téléphone	Montant de règlement	Nature de règlement	Valable jusqu'au
				_/_/____
				_/_/____
				_/_/____
				_/_/____
				_/_/____
				_/_/____
				_/_/____
				_/_/____
				_/_/____
				_/_/____
				_/_/____
				_/_/____
				_/_/____
				_/_/____
				_/_/____
				_/_/____
				_/_/____
				_/_/____
				_/_/____
				_/_/____
				_/_/____
				_/_/____
Adresse	Téléphone	Montant de règlement	Nature de règlement	Valable jusqu'au

N° d'adhésion	Date d'adhésion	Nouveau membre	Nom et prénom	Email
	__/__/____	○ Oui ○ Non		
	__/__/____	○ Oui ○ Non		
	__/__/____	○ Oui ○ Non		
	__/__/____	○ Oui ○ Non		
	__/__/____	○ Oui ○ Non		
	__/__/____	○ Oui ○ Non		
	__/__/____	○ Oui ○ Non		
	__/__/____	○ Oui ○ Non		
	__/__/____	○ Oui ○ Non		
	__/__/____	○ Oui ○ Non		
	__/__/____	○ Oui ○ Non		
	__/__/____	○ Oui ○ Non		
	__/__/____	○ Oui ○ Non		
	__/__/____	○ Oui ○ Non		
	__/__/____	○ Oui ○ Non		
	__/__/____	○ Oui ○ Non		
	__/__/____	○ Oui ○ Non		
	__/__/____	○ Oui ○ Non		
	__/__/____	○ Oui ○ Non		
	__/__/____	○ Oui ○ Non		
	__/__/____	○ Oui ○ Non		
	__/__/____	○ Oui ○ Non		
	__/__/____	○ Oui ○ Non		
N° d'adhésion	Date d'adhésion	Nouveau membre	Nom et prénom	Email

Adresse	Téléphone	Montant de règlement	Nature de règlement	Valable jusqu'au
				_/_/____
				_/_/____
				_/_/____
				_/_/____
				_/_/____
				_/_/____
				_/_/____
				_/_/____
				_/_/____
				_/_/____
				_/_/____
				_/_/____
				_/_/____
				_/_/____
				_/_/____
				_/_/____
				_/_/____
				_/_/____
				_/_/____
				_/_/____
				_/_/____
				_/_/____

N° d'adhésion	Date d'adhésion	Nouveau membre	Nom et prénom	Email
	__/__/____	◯ Oui ◯ Non		
	__/__/____	◯ Oui ◯ Non		
	__/__/____	◯ Oui ◯ Non		
	__/__/____	◯ Oui ◯ Non		
	__/__/____	◯ Oui ◯ Non		
	__/__/____	◯ Oui ◯ Non		
	__/__/____	◯ Oui ◯ Non		
	__/__/____	◯ Oui ◯ Non		
	__/__/____	◯ Oui ◯ Non		
	__/__/____	◯ Oui ◯ Non		
	__/__/____	◯ Oui ◯ Non		
	__/__/____	◯ Oui ◯ Non		
	__/__/____	◯ Oui ◯ Non		
	__/__/____	◯ Oui ◯ Non		
	__/__/____	◯ Oui ◯ Non		
	__/__/____	◯ Oui ◯ Non		
	__/__/____	◯ Oui ◯ Non		
	__/__/____	◯ Oui ◯ Non		
	__/__/____	◯ Oui ◯ Non		
	__/__/____	◯ Oui ◯ Non		
	__/__/____	◯ Oui ◯ Non		
	__/__/____	◯ Oui ◯ Non		
	__/__/____	◯ Oui ◯ Non		
N° d'adhésion	Date d'adhésion	Nouveau membre	Nom et prénom	Email

Adresse	Téléphone	Montant de règlement	Nature de règlement	Valable jusqu'au
				_/_/___
				_/_/___
				_/_/___
				_/_/___
				_/_/___
				_/_/___
				_/_/___
				_/_/___
				_/_/___
				_/_/___
				_/_/___
				_/_/___
				_/_/___
				_/_/___
				_/_/___
				_/_/___
				_/_/___
				_/_/___
				_/_/___
				_/_/___
				_/_/___
				_/_/___
				_/_/___
Adresse	Téléphone	Montant de règlement	Nature de règlement	Valable jusqu'au

N° d'adhésion	Date d'adhésion	Nouveau membre	Nom et prénom	Email
	__/__/____	◯ Oui ◯ Non		
	__/__/____	◯ Oui ◯ Non		
	__/__/____	◯ Oui ◯ Non		
	__/__/____	◯ Oui ◯ Non		
	__/__/____	◯ Oui ◯ Non		
	__/__/____	◯ Oui ◯ Non		
	__/__/____	◯ Oui ◯ Non		
	__/__/____	◯ Oui ◯ Non		
	__/__/____	◯ Oui ◯ Non		
	__/__/____	◯ Oui ◯ Non		
	__/__/____	◯ Oui ◯ Non		
	__/__/____	◯ Oui ◯ Non		
	__/__/____	◯ Oui ◯ Non		
	__/__/____	◯ Oui ◯ Non		
	__/__/____	◯ Oui ◯ Non		
	__/__/____	◯ Oui ◯ Non		
	__/__/____	◯ Oui ◯ Non		
	__/__/____	◯ Oui ◯ Non		
	__/__/____	◯ Oui ◯ Non		
	__/__/____	◯ Oui ◯ Non		
	__/__/____	◯ Oui ◯ Non		
	__/__/____	◯ Oui ◯ Non		
	__/__/____	◯ Oui ◯ Non		
N° d'adhésion	Date d'adhésion	Nouveau membre	Nom et prénom	Email

Adresse	Téléphone	Montant de règlement	Nature de règlement	Valable jusqu'au
				_/_/____
				_/_/____
				_/_/____
				_/_/____
				_/_/____
				_/_/____
				_/_/____
				_/_/____
				_/_/____
				_/_/____
				_/_/____
				_/_/____
				_/_/____
				_/_/____
				_/_/____
				_/_/____
				_/_/____
				_/_/____
				_/_/____
				_/_/____
				_/_/____
				_/_/____
Adresse	Téléphone	Montant de règlement	Nature de règlement	Valable jusqu'au

N° d'adhésion	Date d'adhésion	Nouveau membre	Nom et prénom	Email
	__/__/____	○ Oui ○ Non		
	__/__/____	○ Oui ○ Non		
	__/__/____	○ Oui ○ Non		
	__/__/____	○ Oui ○ Non		
	__/__/____	○ Oui ○ Non		
	__/__/____	○ Oui ○ Non		
	__/__/____	○ Oui ○ Non		
	__/__/____	○ Oui ○ Non		
	__/__/____	○ Oui ○ Non		
	__/__/____	○ Oui ○ Non		
	__/__/____	○ Oui ○ Non		
	__/__/____	○ Oui ○ Non		
	__/__/____	○ Oui ○ Non		
	__/__/____	○ Oui ○ Non		
	__/__/____	○ Oui ○ Non		
	__/__/____	○ Oui ○ Non		
	__/__/____	○ Oui ○ Non		
	__/__/____	○ Oui ○ Non		
	__/__/____	○ Oui ○ Non		
	__/__/____	○ Oui ○ Non		
	__/__/____	○ Oui ○ Non		
	__/__/____	○ Oui ○ Non		
	__/__/____	○ Oui ○ Non		
	__/__/____	○ Oui ○ Non		
N° d'adhésion	Date d'adhésion	Nouveau membre	Nom et prénom	Email

Adresse	Téléphone	Montant de règlement	Nature de règlement	Valable jusqu'au
				_/_/____
				_/_/____
				_/_/____
				_/_/____
				_/_/____
				_/_/____
				_/_/____
				_/_/____
				_/_/____
				_/_/____
				_/_/____
				_/_/____
				_/_/____
				_/_/____
				_/_/____
				_/_/____
				_/_/____
				_/_/____
				_/_/____
				_/_/____
				_/_/____
				_/_/____
Adresse	Téléphone	Montant de règlement	Nature de règlement	Valable jusqu'au

N° d'adhésion	Date d'adhésion	Nouveau membre	Nom et prénom	Email
	__/__/____	○ Oui ○ Non		
	__/__/____	○ Oui ○ Non		
	__/__/____	○ Oui ○ Non		
	__/__/____	○ Oui ○ Non		
	__/__/____	○ Oui ○ Non		
	__/__/____	○ Oui ○ Non		
	__/__/____	○ Oui ○ Non		
	__/__/____	○ Oui ○ Non		
	__/__/____	○ Oui ○ Non		
	__/__/____	○ Oui ○ Non		
	__/__/____	○ Oui ○ Non		
	__/__/____	○ Oui ○ Non		
	__/__/____	○ Oui ○ Non		
	__/__/____	○ Oui ○ Non		
	__/__/____	○ Oui ○ Non		
	__/__/____	○ Oui ○ Non		
	__/__/____	○ Oui ○ Non		
	__/__/____	○ Oui ○ Non		
	__/__/____	○ Oui ○ Non		
	__/__/____	○ Oui ○ Non		
	__/__/____	○ Oui ○ Non		
	__/__/____	○ Oui ○ Non		
	__/__/____	○ Oui ○ Non		
N° d'adhésion	Date d'adhésion	Nouveau membre	Nom et prénom	Email

Adresse	Téléphone	Montant de règlement	Nature de règlement	Valable jusqu'au
				_/_/___
				_/_/___
				_/_/___
				_/_/___
				_/_/___
				_/_/___
				_/_/___
				_/_/___
				_/_/___
				_/_/___
				_/_/___
				_/_/___
				_/_/___
				_/_/___
				_/_/___
				_/_/___
				_/_/___
				_/_/___
				_/_/___
				_/_/___
				_/_/___
				_/_/___

N° d'adhésion	Date d'adhésion	Nouveau membre	Nom et prénom	Email
	_/_/____	○ Oui ○ Non		
	_/_/____	○ Oui ○ Non		
	_/_/____	○ Oui ○ Non		
	_/_/____	○ Oui ○ Non		
	_/_/____	○ Oui ○ Non		
	_/_/____	○ Oui ○ Non		
	_/_/____	○ Oui ○ Non		
	_/_/____	○ Oui ○ Non		
	_/_/____	○ Oui ○ Non		
	_/_/____	○ Oui ○ Non		
	_/_/____	○ Oui ○ Non		
	_/_/____	○ Oui ○ Non		
	_/_/____	○ Oui ○ Non		
	_/_/____	○ Oui ○ Non		
	_/_/____	○ Oui ○ Non		
	_/_/____	○ Oui ○ Non		
	_/_/____	○ Oui ○ Non		
	_/_/____	○ Oui ○ Non		
	_/_/____	○ Oui ○ Non		
	_/_/____	○ Oui ○ Non		
	_/_/____	○ Oui ○ Non		
	_/_/____	○ Oui ○ Non		
	_/_/____	○ Oui ○ Non		
	_/_/____	○ Oui ○ Non		

Adresse	Téléphone	Montant de règlement	Nature de règlement	Valable jusqu'au
				__/__/____
				__/__/____
				__/__/____
				__/__/____
				__/__/____
				__/__/____
				__/__/____
				__/__/____
				__/__/____
				__/__/____
				__/__/____
				__/__/____
				__/__/____
				__/__/____
				__/__/____
				__/__/____
				__/__/____
				__/__/____
				__/__/____
				__/__/____
				__/__/____
				__/__/____
				__/__/____
Adresse	Téléphone	Montant de règlement	Nature de règlement	Valable jusqu'au

N° d'adhésion	Date d'adhésion	Nouveau membre	Nom et prénom	Email
	__/__/____	◯ Oui ◯ Non		
	__/__/____	◯ Oui ◯ Non		
	__/__/____	◯ Oui ◯ Non		
	__/__/____	◯ Oui ◯ Non		
	__/__/____	◯ Oui ◯ Non		
	__/__/____	◯ Oui ◯ Non		
	__/__/____	◯ Oui ◯ Non		
	__/__/____	◯ Oui ◯ Non		
	__/__/____	◯ Oui ◯ Non		
	__/__/____	◯ Oui ◯ Non		
	__/__/____	◯ Oui ◯ Non		
	__/__/____	◯ Oui ◯ Non		
	__/__/____	◯ Oui ◯ Non		
	__/__/____	◯ Oui ◯ Non		
	__/__/____	◯ Oui ◯ Non		
	__/__/____	◯ Oui ◯ Non		
	__/__/____	◯ Oui ◯ Non		
	__/__/____	◯ Oui ◯ Non		
	__/__/____	◯ Oui ◯ Non		
	__/__/____	◯ Oui ◯ Non		
	__/__/____	◯ Oui ◯ Non		
	__/__/____	◯ Oui ◯ Non		
	__/__/____	◯ Oui ◯ Non		
N° d'adhésion	Date d'adhésion	Nouveau membre	Nom et prénom	Email

Adresse	Téléphone	Montant de règlement	Nature de règlement	Valable jusqu'au
				_/_/____
				_/_/____
				_/_/____
				_/_/____
				_/_/____
				_/_/____
				_/_/____
				_/_/____
				_/_/____
				_/_/____
				_/_/____
				_/_/____
				_/_/____
				_/_/____
				_/_/____
				_/_/____
				_/_/____
				_/_/____
				_/_/____
				_/_/____
				_/_/____
				_/_/____
Adresse	Téléphone	Montant de règlement	Nature de règlement	Valable jusqu'au

N° d'adhésion	Date d'adhésion	Nouveau membre	Nom et prénom	Email
	_/_/____	○ Oui ○ Non		
	_/_/____	○ Oui ○ Non		
	_/_/____	○ Oui ○ Non		
	_/_/____	○ Oui ○ Non		
	_/_/____	○ Oui ○ Non		
	_/_/____	○ Oui ○ Non		
	_/_/____	○ Oui ○ Non		
	_/_/____	○ Oui ○ Non		
	_/_/____	○ Oui ○ Non		
	_/_/____	○ Oui ○ Non		
	_/_/____	○ Oui ○ Non		
	_/_/____	○ Oui ○ Non		
	_/_/____	○ Oui ○ Non		
	_/_/____	○ Oui ○ Non		
	_/_/____	○ Oui ○ Non		
	_/_/____	○ Oui ○ Non		
	_/_/____	○ Oui ○ Non		
	_/_/____	○ Oui ○ Non		
	_/_/____	○ Oui ○ Non		
	_/_/____	○ Oui ○ Non		
	_/_/____	○ Oui ○ Non		
	_/_/____	○ Oui ○ Non		
	_/_/____	○ Oui ○ Non		
	_/_/____	○ Oui ○ Non		
N° d'adhésion	Date d'adhésion	Nouveau membre	Nom et prénom	Email

Adresse	Téléphone	Montant de règlement	Nature de règlement	Valable jusqu'au
				_ _/_ _/_ _ _ _
				_ _/_ _/_ _ _ _
				_ _/_ _/_ _ _ _
				_ _/_ _/_ _ _ _
				_ _/_ _/_ _ _ _
				_ _/_ _/_ _ _ _
				_ _/_ _/_ _ _ _
				_ _/_ _/_ _ _ _
				_ _/_ _/_ _ _ _
				_ _/_ _/_ _ _ _
				_ _/_ _/_ _ _ _
				_ _/_ _/_ _ _ _
				_ _/_ _/_ _ _ _
				_ _/_ _/_ _ _ _
				_ _/_ _/_ _ _ _
				_ _/_ _/_ _ _ _
				_ _/_ _/_ _ _ _
				_ _/_ _/_ _ _ _
				_ _/_ _/_ _ _ _
				_ _/_ _/_ _ _ _
				_ _/_ _/_ _ _ _
				_ _/_ _/_ _ _ _
				_ _/_ _/_ _ _ _
Adresse	Téléphone	Montant de règlement	Nature de règlement	Valable jusqu'au

N° d'adhésion	Date d'adhésion	Nouveau membre	Nom et prénom	Email
	__/__/____	◯ Oui ◯ Non		
	__/__/____	◯ Oui ◯ Non		
	__/__/____	◯ Oui ◯ Non		
	__/__/____	◯ Oui ◯ Non		
	__/__/____	◯ Oui ◯ Non		
	__/__/____	◯ Oui ◯ Non		
	__/__/____	◯ Oui ◯ Non		
	__/__/____	◯ Oui ◯ Non		
	__/__/____	◯ Oui ◯ Non		
	__/__/____	◯ Oui ◯ Non		
	__/__/____	◯ Oui ◯ Non		
	__/__/____	◯ Oui ◯ Non		
	__/__/____	◯ Oui ◯ Non		
	__/__/____	◯ Oui ◯ Non		
	__/__/____	◯ Oui ◯ Non		
	__/__/____	◯ Oui ◯ Non		
	__/__/____	◯ Oui ◯ Non		
	__/__/____	◯ Oui ◯ Non		
	__/__/____	◯ Oui ◯ Non		
	__/__/____	◯ Oui ◯ Non		
	__/__/____	◯ Oui ◯ Non		
	__/__/____	◯ Oui ◯ Non		
	__/__/____	◯ Oui ◯ Non		
N° d'adhésion	Date d'adhésion	Nouveau membre	Nom et prénom	Email

Adresse	Téléphone	Montant de règlement	Nature de règlement	Valable jusqu'au
				_/_/___
				_/_/___
				_/_/___
				_/_/___
				_/_/___
				_/_/___
				_/_/___
				_/_/___
				_/_/___
				_/_/___
				_/_/___
				_/_/___
				_/_/___
				_/_/___
				_/_/___
				_/_/___
				_/_/___
				_/_/___
				_/_/___
				_/_/___
				_/_/___
				_/_/___

N° d'adhésion	Date d'adhésion	Nouveau membre	Nom et prénom	Email
	_/_/____	○ Oui ○ Non		
	_/_/____	○ Oui ○ Non		
	_/_/____	○ Oui ○ Non		
	_/_/____	○ Oui ○ Non		
	_/_/____	○ Oui ○ Non		
	_/_/____	○ Oui ○ Non		
	_/_/____	○ Oui ○ Non		
	_/_/____	○ Oui ○ Non		
	_/_/____	○ Oui ○ Non		
	_/_/____	○ Oui ○ Non		
	_/_/____	○ Oui ○ Non		
	_/_/____	○ Oui ○ Non		
	_/_/____	○ Oui ○ Non		
	_/_/____	○ Oui ○ Non		
	_/_/____	○ Oui ○ Non		
	_/_/____	○ Oui ○ Non		
	_/_/____	○ Oui ○ Non		
	_/_/____	○ Oui ○ Non		
	_/_/____	○ Oui ○ Non		
	_/_/____	○ Oui ○ Non		
	_/_/____	○ Oui ○ Non		
	_/_/____	○ Oui ○ Non		
	_/_/____	○ Oui ○ Non		
N° d'adhésion	Date d'adhésion	Nouveau membre	Nom et prénom	Email

Adresse	Téléphone	Montant de règlement	Nature de règlement	Valable jusqu'au
				_/_/___
				_/_/___
				_/_/___
				_/_/___
				_/_/___
				_/_/___
				_/_/___
				_/_/___
				_/_/___
				_/_/___
				_/_/___
				_/_/___
				_/_/___
				_/_/___
				_/_/___
				_/_/___
				_/_/___
				_/_/___
				_/_/___
				_/_/___
				_/_/___
				_/_/___
Adresse	Téléphone	Montant de règlement	Nature de règlement	Valable jusqu'au

N° d'adhésion	Date d'adhésion	Nouveau membre	Nom et prénom	Email
	__/__/____	◯ Oui ◯ Non		
	__/__/____	◯ Oui ◯ Non		
	__/__/____	◯ Oui ◯ Non		
	__/__/____	◯ Oui ◯ Non		
	__/__/____	◯ Oui ◯ Non		
	__/__/____	◯ Oui ◯ Non		
	__/__/____	◯ Oui ◯ Non		
	__/__/____	◯ Oui ◯ Non		
	__/__/____	◯ Oui ◯ Non		
	__/__/____	◯ Oui ◯ Non		
	__/__/____	◯ Oui ◯ Non		
	__/__/____	◯ Oui ◯ Non		
	__/__/____	◯ Oui ◯ Non		
	__/__/____	◯ Oui ◯ Non		
	__/__/____	◯ Oui ◯ Non		
	__/__/____	◯ Oui ◯ Non		
	__/__/____	◯ Oui ◯ Non		
	__/__/____	◯ Oui ◯ Non		
	__/__/____	◯ Oui ◯ Non		
	__/__/____	◯ Oui ◯ Non		
	__/__/____	◯ Oui ◯ Non		
	__/__/____	◯ Oui ◯ Non		
	__/__/____	◯ Oui ◯ Non		
N° d'adhésion	Date d'adhésion	Nouveau membre	Nom et prénom	Email

Adresse	Téléphone	Montant de règlement	Nature de règlement	Valable jusqu'au
				_/_/___
				_/_/___
				_/_/___
				_/_/___
				_/_/___
				_/_/___
				_/_/___
				_/_/___
				_/_/___
				_/_/___
				_/_/___
				_/_/___
				_/_/___
				_/_/___
				_/_/___
				_/_/___
				_/_/___
				_/_/___
				_/_/___
				_/_/___
				_/_/___
				_/_/___
				_/_/___

N° d'adhésion	Date d'adhésion	Nouveau membre	Nom et prénom	Email
	__/__/____	◯ Oui ◯ Non		
	__/__/____	◯ Oui ◯ Non		
	__/__/____	◯ Oui ◯ Non		
	__/__/____	◯ Oui ◯ Non		
	__/__/____	◯ Oui ◯ Non		
	__/__/____	◯ Oui ◯ Non		
	__/__/____	◯ Oui ◯ Non		
	__/__/____	◯ Oui ◯ Non		
	__/__/____	◯ Oui ◯ Non		
	__/__/____	◯ Oui ◯ Non		
	__/__/____	◯ Oui ◯ Non		
	__/__/____	◯ Oui ◯ Non		
	__/__/____	◯ Oui ◯ Non		
	__/__/____	◯ Oui ◯ Non		
	__/__/____	◯ Oui ◯ Non		
	__/__/____	◯ Oui ◯ Non		
	__/__/____	◯ Oui ◯ Non		
	__/__/____	◯ Oui ◯ Non		
	__/__/____	◯ Oui ◯ Non		
	__/__/____	◯ Oui ◯ Non		
	__/__/____	◯ Oui ◯ Non		
	__/__/____	◯ Oui ◯ Non		
	__/__/____	◯ Oui ◯ Non		

Adresse	Téléphone	Montant de règlement	Nature de règlement	Valable jusqu'au
				_/_/____
				_/_/____
				_/_/____
				_/_/____
				_/_/____
				_/_/____
				_/_/____
				_/_/____
				_/_/____
				_/_/____
				_/_/____
				_/_/____
				_/_/____
				_/_/____
				_/_/____
				_/_/____
				_/_/____
				_/_/____
				_/_/____
				_/_/____
				_/_/____
				_/_/____
Adresse	Téléphone	Montant de règlement	Nature de règlement	Valable jusqu'au

N° d'adhésion	Date d'adhésion	Nouveau membre	Nom et prénom	Email
	__/__/____	○ Oui ○ Non		
	__/__/____	○ Oui ○ Non		
	__/__/____	○ Oui ○ Non		
	__/__/____	○ Oui ○ Non		
	__/__/____	○ Oui ○ Non		
	__/__/____	○ Oui ○ Non		
	__/__/____	○ Oui ○ Non		
	__/__/____	○ Oui ○ Non		
	__/__/____	○ Oui ○ Non		
	__/__/____	○ Oui ○ Non		
	__/__/____	○ Oui ○ Non		
	__/__/____	○ Oui ○ Non		
	__/__/____	○ Oui ○ Non		
	__/__/____	○ Oui ○ Non		
	__/__/____	○ Oui ○ Non		
	__/__/____	○ Oui ○ Non		
	__/__/____	○ Oui ○ Non		
	__/__/____	○ Oui ○ Non		
	__/__/____	○ Oui ○ Non		
	__/__/____	○ Oui ○ Non		
	__/__/____	○ Oui ○ Non		
	__/__/____	○ Oui ○ Non		
	__/__/____	○ Oui ○ Non		
N° d'adhésion	Date d'adhésion	Nouveau membre	Nom et prénom	Email

Adresse	Téléphone	Montant de règlement	Nature de règlement	Valable jusqu'au
				_/_/____
				_/_/____
				_/_/____
				_/_/____
				_/_/____
				_/_/____
				_/_/____
				_/_/____
				_/_/____
				_/_/____
				_/_/____
				_/_/____
				_/_/____
				_/_/____
				_/_/____
				_/_/____
				_/_/____
				_/_/____
				_/_/____
				_/_/____
				_/_/____
				_/_/____
				_/_/____

N° d'adhésion	Date d'adhésion	Nouveau membre	Nom et prénom	Email
	_/_/____	◯Oui ◯Non		
	_/_/____	◯Oui ◯Non		
	_/_/____	◯Oui ◯Non		
	_/_/____	◯Oui ◯Non		
	_/_/____	◯Oui ◯Non		
	_/_/____	◯Oui ◯Non		
	_/_/____	◯Oui ◯Non		
	_/_/____	◯Oui ◯Non		
	_/_/____	◯Oui ◯Non		
	_/_/____	◯Oui ◯Non		
	_/_/____	◯Oui ◯Non		
	_/_/____	◯Oui ◯Non		
	_/_/____	◯Oui ◯Non		
	_/_/____	◯Oui ◯Non		
	_/_/____	◯Oui ◯Non		
	_/_/____	◯Oui ◯Non		
	_/_/____	◯Oui ◯Non		
	_/_/____	◯Oui ◯Non		
	_/_/____	◯Oui ◯Non		
	_/_/____	◯Oui ◯Non		
	_/_/____	◯Oui ◯Non		
	_/_/____	◯Oui ◯Non		
	_/_/____	◯Oui ◯Non		
	_/_/____	◯Oui ◯Non		
N° d'adhésion	Date d'adhésion	Nouveau membre	Nom et prénom	Email

Adresse	Téléphone	Montant de règlement	Nature de règlement	Valable jusqu'au
				_/_/____
				_/_/____
				_/_/____
				_/_/____
				_/_/____
				_/_/____
				_/_/____
				_/_/____
				_/_/____
				_/_/____
				_/_/____
				_/_/____
				_/_/____
				_/_/____
				_/_/____
				_/_/____
				_/_/____
				_/_/____
				_/_/____
				_/_/____
				_/_/____
				_/_/____
Adresse	Téléphone	Montant de règlement	Nature de règlement	Valable jusqu'au

N° d'adhésion	Date d'adhésion	Nouveau membre	Nom et prénom	Email
	__/__/____	◯ Oui ◯ Non		
	__/__/____	◯ Oui ◯ Non		
	__/__/____	◯ Oui ◯ Non		
	__/__/____	◯ Oui ◯ Non		
	__/__/____	◯ Oui ◯ Non		
	__/__/____	◯ Oui ◯ Non		
	__/__/____	◯ Oui ◯ Non		
	__/__/____	◯ Oui ◯ Non		
	__/__/____	◯ Oui ◯ Non		
	__/__/____	◯ Oui ◯ Non		
	__/__/____	◯ Oui ◯ Non		
	__/__/____	◯ Oui ◯ Non		
	__/__/____	◯ Oui ◯ Non		
	__/__/____	◯ Oui ◯ Non		
	__/__/____	◯ Oui ◯ Non		
	__/__/____	◯ Oui ◯ Non		
	__/__/____	◯ Oui ◯ Non		
	__/__/____	◯ Oui ◯ Non		
	__/__/____	◯ Oui ◯ Non		
	__/__/____	◯ Oui ◯ Non		
	__/__/____	◯ Oui ◯ Non		
	__/__/____	◯ Oui ◯ Non		
	__/__/____	◯ Oui ◯ Non		
N° d'adhésion	Date d'adhésion	Nouveau membre	Nom et prénom	Email

Adresse	Téléphone	Montant de règlement	Nature de règlement	Valable jusqu'au
				_/_/___
				_/_/___
				_/_/___
				_/_/___
				_/_/___
				_/_/___
				_/_/___
				_/_/___
				_/_/___
				_/_/___
				_/_/___
				_/_/___
				_/_/___
				_/_/___
				_/_/___
				_/_/___
				_/_/___
				_/_/___
				_/_/___
				_/_/___
				_/_/___
				_/_/___

N° d'adhésion	Date d'adhésion	Nouveau membre	Nom et prénom	Email
	_/_/____	◯Oui ◯Non		
	_/_/____	◯Oui ◯Non		
	_/_/____	◯Oui ◯Non		
	_/_/____	◯Oui ◯Non		
	_/_/____	◯Oui ◯Non		
	_/_/____	◯Oui ◯Non		
	_/_/____	◯Oui ◯Non		
	_/_/____	◯Oui ◯Non		
	_/_/____	◯Oui ◯Non		
	_/_/____	◯Oui ◯Non		
	_/_/____	◯Oui ◯Non		
	_/_/____	◯Oui ◯Non		
	_/_/____	◯Oui ◯Non		
	_/_/____	◯Oui ◯Non		
	_/_/____	◯Oui ◯Non		
	_/_/____	◯Oui ◯Non		
	_/_/____	◯Oui ◯Non		
	_/_/____	◯Oui ◯Non		
	_/_/____	◯Oui ◯Non		
	_/_/____	◯Oui ◯Non		
	_/_/____	◯Oui ◯Non		
	_/_/____	◯Oui ◯Non		
	_/_/____	◯Oui ◯Non		

Adresse	Téléphone	Montant de règlement	Nature de règlement	Valable jusqu'au
				_/_/___
				_/_/___
				_/_/___
				_/_/___
				_/_/___
				_/_/___
				_/_/___
				_/_/___
				_/_/___
				_/_/___
				_/_/___
				_/_/___
				_/_/___
				_/_/___
				_/_/___
				_/_/___
				_/_/___
				_/_/___
				_/_/___
				_/_/___
				_/_/___
				_/_/___
				_/_/___

N° d'adhésion	Date d'adhésion	Nouveau membre	Nom et prénom	Email
	__/__/____	○ Oui ○ Non		
	__/__/____	○ Oui ○ Non		
	__/__/____	○ Oui ○ Non		
	__/__/____	○ Oui ○ Non		
	__/__/____	○ Oui ○ Non		
	__/__/____	○ Oui ○ Non		
	__/__/____	○ Oui ○ Non		
	__/__/____	○ Oui ○ Non		
	__/__/____	○ Oui ○ Non		
	__/__/____	○ Oui ○ Non		
	__/__/____	○ Oui ○ Non		
	__/__/____	○ Oui ○ Non		
	__/__/____	○ Oui ○ Non		
	__/__/____	○ Oui ○ Non		
	__/__/____	○ Oui ○ Non		
	__/__/____	○ Oui ○ Non		
	__/__/____	○ Oui ○ Non		
	__/__/____	○ Oui ○ Non		
	__/__/____	○ Oui ○ Non		
	__/__/____	○ Oui ○ Non		
	__/__/____	○ Oui ○ Non		
	__/__/____	○ Oui ○ Non		
N° d'adhésion	Date d'adhésion	Nouveau membre	Nom et prénom	Email

Adresse	Téléphone	Montant de règlement	Nature de règlement	Valable jusqu'au
				_/_/_
				_/_/_
				_/_/_
				_/_/_
				_/_/_
				_/_/_
				_/_/_
				_/_/_
				_/_/_
				_/_/_
				_/_/_
				_/_/_
				_/_/_
				_/_/_
				_/_/_
				_/_/_
				_/_/_
				_/_/_
				_/_/_
				_/_/_
				_/_/_
				_/_/_
Adresse	Téléphone	Montant de règlement	Nature de règlement	Valable jusqu'au

N° d'adhésion	Date d'adhésion	Nouveau membre	Nom et prénom	Email
	__/__/____	◯ Oui ◯ Non		
	__/__/____	◯ Oui ◯ Non		
	__/__/____	◯ Oui ◯ Non		
	__/__/____	◯ Oui ◯ Non		
	__/__/____	◯ Oui ◯ Non		
	__/__/____	◯ Oui ◯ Non		
	__/__/____	◯ Oui ◯ Non		
	__/__/____	◯ Oui ◯ Non		
	__/__/____	◯ Oui ◯ Non		
	__/__/____	◯ Oui ◯ Non		
	__/__/____	◯ Oui ◯ Non		
	__/__/____	◯ Oui ◯ Non		
	__/__/____	◯ Oui ◯ Non		
	__/__/____	◯ Oui ◯ Non		
	__/__/____	◯ Oui ◯ Non		
	__/__/____	◯ Oui ◯ Non		
	__/__/____	◯ Oui ◯ Non		
	__/__/____	◯ Oui ◯ Non		
	__/__/____	◯ Oui ◯ Non		
	__/__/____	◯ Oui ◯ Non		
	__/__/____	◯ Oui ◯ Non		
	__/__/____	◯ Oui ◯ Non		
	__/__/____	◯ Oui ◯ Non		
N° d'adhésion	Date d'adhésion	Nouveau membre	Nom et prénom	Email

Adresse	Téléphone	Montant de règlement	Nature de règlement	Valable jusqu'au
				_/_/____
				_/_/____
				_/_/____
				_/_/____
				_/_/____
				_/_/____
				_/_/____
				_/_/____
				_/_/____
				_/_/____
				_/_/____
				_/_/____
				_/_/____
				_/_/____
				_/_/____
				_/_/____
				_/_/____
				_/_/____
				_/_/____
				_/_/____
				_/_/____
				_/_/____
				_/_/____
Adresse	Téléphone	Montant de règlement	Nature de règlement	Valable jusqu'au

N° d'adhésion	Date d'adhésion	Nouveau membre	Nom et prénom	Email
	__/__/____	◯ Oui ◯ Non		
	__/__/____	◯ Oui ◯ Non		
	__/__/____	◯ Oui ◯ Non		
	__/__/____	◯ Oui ◯ Non		
	__/__/____	◯ Oui ◯ Non		
	__/__/____	◯ Oui ◯ Non		
	__/__/____	◯ Oui ◯ Non		
	__/__/____	◯ Oui ◯ Non		
	__/__/____	◯ Oui ◯ Non		
	__/__/____	◯ Oui ◯ Non		
	__/__/____	◯ Oui ◯ Non		
	__/__/____	◯ Oui ◯ Non		
	__/__/____	◯ Oui ◯ Non		
	__/__/____	◯ Oui ◯ Non		
	__/__/____	◯ Oui ◯ Non		
	__/__/____	◯ Oui ◯ Non		
	__/__/____	◯ Oui ◯ Non		
	__/__/____	◯ Oui ◯ Non		
	__/__/____	◯ Oui ◯ Non		
	__/__/____	◯ Oui ◯ Non		
	__/__/____	◯ Oui ◯ Non		
	__/__/____	◯ Oui ◯ Non		
	__/__/____	◯ Oui ◯ Non		
N° d'adhésion	Date d'adhésion	Nouveau membre	Nom et prénom	Email

Adresse	Téléphone	Montant de règlement	Nature de règlement	Valable jusqu'au
				_/_/___
				_/_/___
				_/_/___
				_/_/___
				_/_/___
				_/_/___
				_/_/___
				_/_/___
				_/_/___
				_/_/___
				_/_/___
				_/_/___
				_/_/___
				_/_/___
				_/_/___
				_/_/___
				_/_/___
				_/_/___
				_/_/___
				_/_/___
				_/_/___
				_/_/___
Adresse	Téléphone	Montant de règlement	Nature de règlement	Valable jusqu'au

N° d'adhésion	Date d'adhésion	Nouveau membre	Nom et prénom	Email
	__/__/____	○ Oui ○ Non		
	__/__/____	○ Oui ○ Non		
	__/__/____	○ Oui ○ Non		
	__/__/____	○ Oui ○ Non		
	__/__/____	○ Oui ○ Non		
	__/__/____	○ Oui ○ Non		
	__/__/____	○ Oui ○ Non		
	__/__/____	○ Oui ○ Non		
	__/__/____	○ Oui ○ Non		
	__/__/____	○ Oui ○ Non		
	__/__/____	○ Oui ○ Non		
	__/__/____	○ Oui ○ Non		
	__/__/____	○ Oui ○ Non		
	__/__/____	○ Oui ○ Non		
	__/__/____	○ Oui ○ Non		
	__/__/____	○ Oui ○ Non		
	__/__/____	○ Oui ○ Non		
	__/__/____	○ Oui ○ Non		
	__/__/____	○ Oui ○ Non		
	__/__/____	○ Oui ○ Non		
	__/__/____	○ Oui ○ Non		
	__/__/____	○ Oui ○ Non		
	__/__/____	○ Oui ○ Non		
	__/__/____	○ Oui ○ Non		

Adresse	Téléphone	Montant de règlement	Nature de règlement	Valable jusqu'au
				_/_/___
				_/_/___
				_/_/___
				_/_/___
				_/_/___
				_/_/___
				_/_/___
				_/_/___
				_/_/___
				_/_/___
				_/_/___
				_/_/___
				_/_/___
				_/_/___
				_/_/___
				_/_/___
				_/_/___
				_/_/___
				_/_/___
				_/_/___
				_/_/___
				_/_/___
				_/_/___
Adresse	Téléphone	Montant de règlement	Nature de règlement	Valable jusqu'au

N° d'adhésion	Date d'adhésion	Nouveau membre	Nom et prénom	Email
	__/__/____	◯Oui ◯Non		
	__/__/____	◯Oui ◯Non		
	__/__/____	◯Oui ◯Non		
	__/__/____	◯Oui ◯Non		
	__/__/____	◯Oui ◯Non		
	__/__/____	◯Oui ◯Non		
	__/__/____	◯Oui ◯Non		
	__/__/____	◯Oui ◯Non		
	__/__/____	◯Oui ◯Non		
	__/__/____	◯Oui ◯Non		
	__/__/____	◯Oui ◯Non		
	__/__/____	◯Oui ◯Non		
	__/__/____	◯Oui ◯Non		
	__/__/____	◯Oui ◯Non		
	__/__/____	◯Oui ◯Non		
	__/__/____	◯Oui ◯Non		
	__/__/____	◯Oui ◯Non		
	__/__/____	◯Oui ◯Non		
	__/__/____	◯Oui ◯Non		
	__/__/____	◯Oui ◯Non		
	__/__/____	◯Oui ◯Non		
	__/__/____	◯Oui ◯Non		
	__/__/____	◯Oui ◯Non		
N° d'adhésion	Date d'adhésion	Nouveau membre	Nom et prénom	Email

Adresse	Téléphone	Montant de règlement	Nature de règlement	Valable jusqu'au
				_/_/___
				_/_/___
				_/_/___
				_/_/___
				_/_/___
				_/_/___
				_/_/___
				_/_/___
				_/_/___
				_/_/___
				_/_/___
				_/_/___
				_/_/___
				_/_/___
				_/_/___
				_/_/___
				_/_/___
				_/_/___
				_/_/___
				_/_/___
				_/_/___
				_/_/___
Adresse	Téléphone	Montant de règlement	Nature de règlement	Valable jusqu'au

N° d'adhésion	Date d'adhésion	Nouveau membre	Nom et prénom	Email
	__/__/____	◯ Oui ◯ Non		
	__/__/____	◯ Oui ◯ Non		
	__/__/____	◯ Oui ◯ Non		
	__/__/____	◯ Oui ◯ Non		
	__/__/____	◯ Oui ◯ Non		
	__/__/____	◯ Oui ◯ Non		
	__/__/____	◯ Oui ◯ Non		
	__/__/____	◯ Oui ◯ Non		
	__/__/____	◯ Oui ◯ Non		
	__/__/____	◯ Oui ◯ Non		
	__/__/____	◯ Oui ◯ Non		
	__/__/____	◯ Oui ◯ Non		
	__/__/____	◯ Oui ◯ Non		
	__/__/____	◯ Oui ◯ Non		
	__/__/____	◯ Oui ◯ Non		
	__/__/____	◯ Oui ◯ Non		
	__/__/____	◯ Oui ◯ Non		
	__/__/____	◯ Oui ◯ Non		
	__/__/____	◯ Oui ◯ Non		
	__/__/____	◯ Oui ◯ Non		
	__/__/____	◯ Oui ◯ Non		
	__/__/____	◯ Oui ◯ Non		
	__/__/____	◯ Oui ◯ Non		
N° d'adhésion	Date d'adhésion	Nouveau membre	Nom et prénom	Email

Adresse	Téléphone	Montant de règlement	Nature de règlement	Valable jusqu'au
				_/_/____
				_/_/____
				_/_/____
				_/_/____
				_/_/____
				_/_/____
				_/_/____
				_/_/____
				_/_/____
				_/_/____
				_/_/____
				_/_/____
				_/_/____
				_/_/____
				_/_/____
				_/_/____
				_/_/____
				_/_/____
				_/_/____
				_/_/____
				_/_/____
Adresse	Téléphone	Montant de règlement	Nature de règlement	Valable jusqu'au

N° d'adhésion	Date d'adhésion	Nouveau membre	Nom et prénom	Email
	__/__/____	◯ Oui ◯ Non		
	__/__/____	◯ Oui ◯ Non		
	__/__/____	◯ Oui ◯ Non		
	__/__/____	◯ Oui ◯ Non		
	__/__/____	◯ Oui ◯ Non		
	__/__/____	◯ Oui ◯ Non		
	__/__/____	◯ Oui ◯ Non		
	__/__/____	◯ Oui ◯ Non		
	__/__/____	◯ Oui ◯ Non		
	__/__/____	◯ Oui ◯ Non		
	__/__/____	◯ Oui ◯ Non		
	__/__/____	◯ Oui ◯ Non		
	__/__/____	◯ Oui ◯ Non		
	__/__/____	◯ Oui ◯ Non		
	__/__/____	◯ Oui ◯ Non		
	__/__/____	◯ Oui ◯ Non		
	__/__/____	◯ Oui ◯ Non		
	__/__/____	◯ Oui ◯ Non		
	__/__/____	◯ Oui ◯ Non		
	__/__/____	◯ Oui ◯ Non		
	__/__/____	◯ Oui ◯ Non		
	__/__/____	◯ Oui ◯ Non		
	__/__/____	◯ Oui ◯ Non		
N° d'adhésion	Date d'adhésion	Nouveau membre	Nom et prénom	Email

Adresse	Téléphone	Montant de règlement	Nature de règlement	Valable jusqu'au
				_/_/_
				_/_/_
				_/_/_
				_/_/_
				_/_/_
				_/_/_
				_/_/_
				_/_/_
				_/_/_
				_/_/_
				_/_/_
				_/_/_
				_/_/_
				_/_/_
				_/_/_
				_/_/_
				_/_/_
				_/_/_
				_/_/_
				_/_/_
				_/_/_

N° d'adhésion	Date d'adhésion	Nouveau membre	Nom et prénom	Email
	_/_/____	○ Oui ○ Non		
	_/_/____	○ Oui ○ Non		
	_/_/____	○ Oui ○ Non		
	_/_/____	○ Oui ○ Non		
	_/_/____	○ Oui ○ Non		
	_/_/____	○ Oui ○ Non		
	_/_/____	○ Oui ○ Non		
	_/_/____	○ Oui ○ Non		
	_/_/____	○ Oui ○ Non		
	_/_/____	○ Oui ○ Non		
	_/_/____	○ Oui ○ Non		
	_/_/____	○ Oui ○ Non		
	_/_/____	○ Oui ○ Non		
	_/_/____	○ Oui ○ Non		
	_/_/____	○ Oui ○ Non		
	_/_/____	○ Oui ○ Non		
	_/_/____	○ Oui ○ Non		
	_/_/____	○ Oui ○ Non		
	_/_/____	○ Oui ○ Non		
	_/_/____	○ Oui ○ Non		
	_/_/____	○ Oui ○ Non		
	_/_/____	○ Oui ○ Non		
	_/_/____	○ Oui ○ Non		
N° d'adhésion	Date d'adhésion	Nouveau membre	Nom et prénom	Email

Adresse	Téléphone	Montant de règlement	Nature de règlement	Valable jusqu'au
				_/_/____
				_/_/____
				_/_/____
				_/_/____
				_/_/____
				_/_/____
				_/_/____
				_/_/____
				_/_/____
				_/_/____
				_/_/____
				_/_/____
				_/_/____
				_/_/____
				_/_/____
				_/_/____
				_/_/____
				_/_/____
				_/_/____
				_/_/____
				_/_/____
				_/_/____
				_/_/____
Adresse	Téléphone	Montant de règlement	Nature de règlement	Valable jusqu'au

N° d'adhésion	Date d'adhésion	Nouveau membre	Nom et prénom	Email
	__/__/____	◯ Oui ◯ Non		
	__/__/____	◯ Oui ◯ Non		
	__/__/____	◯ Oui ◯ Non		
	__/__/____	◯ Oui ◯ Non		
	__/__/____	◯ Oui ◯ Non		
	__/__/____	◯ Oui ◯ Non		
	__/__/____	◯ Oui ◯ Non		
	__/__/____	◯ Oui ◯ Non		
	__/__/____	◯ Oui ◯ Non		
	__/__/____	◯ Oui ◯ Non		
	__/__/____	◯ Oui ◯ Non		
	__/__/____	◯ Oui ◯ Non		
	__/__/____	◯ Oui ◯ Non		
	__/__/____	◯ Oui ◯ Non		
	__/__/____	◯ Oui ◯ Non		
	__/__/____	◯ Oui ◯ Non		
	__/__/____	◯ Oui ◯ Non		
	__/__/____	◯ Oui ◯ Non		
	__/__/____	◯ Oui ◯ Non		
	__/__/____	◯ Oui ◯ Non		
	__/__/____	◯ Oui ◯ Non		
	__/__/____	◯ Oui ◯ Non		
	__/__/____	◯ Oui ◯ Non		
N° d'adhésion	Date d'adhésion	Nouveau membre	Nom et prénom	Email

Adresse	Téléphone	Montant de règlement	Nature de règlement	Valable jusqu'au
				_/_/_
				_/_/_
				_/_/_
				_/_/_
				_/_/_
				_/_/_
				_/_/_
				_/_/_
				_/_/_
				_/_/_
				_/_/_
				_/_/_
				_/_/_
				_/_/_
				_/_/_
				_/_/_
				_/_/_
				_/_/_
				_/_/_
				_/_/_
				_/_/_
				_/_/_

N° d'adhésion	Date d'adhésion	Nouveau membre	Nom et prénom	Email
	_/_/____	○ Oui ○ Non		
	_/_/____	○ Oui ○ Non		
	_/_/____	○ Oui ○ Non		
	_/_/____	○ Oui ○ Non		
	_/_/____	○ Oui ○ Non		
	_/_/____	○ Oui ○ Non		
	_/_/____	○ Oui ○ Non		
	_/_/____	○ Oui ○ Non		
	_/_/____	○ Oui ○ Non		
	_/_/____	○ Oui ○ Non		
	_/_/____	○ Oui ○ Non		
	_/_/____	○ Oui ○ Non		
	_/_/____	○ Oui ○ Non		
	_/_/____	○ Oui ○ Non		
	_/_/____	○ Oui ○ Non		
	_/_/____	○ Oui ○ Non		
	_/_/____	○ Oui ○ Non		
	_/_/____	○ Oui ○ Non		
	_/_/____	○ Oui ○ Non		
	_/_/____	○ Oui ○ Non		
	_/_/____	○ Oui ○ Non		
	_/_/____	○ Oui ○ Non		

Adresse	Téléphone	Montant de règlement	Nature de règlement	Valable jusqu'au
				_/_/____
				_/_/____
				_/_/____
				_/_/____
				_/_/____
				_/_/____
				_/_/____
				_/_/____
				_/_/____
				_/_/____
				_/_/____
				_/_/____
				_/_/____
				_/_/____
				_/_/____
				_/_/____
				_/_/____
				_/_/____
				_/_/____
				_/_/____
				_/_/____
				_/_/____
Adresse	Téléphone	Montant de règlement	Nature de règlement	Valable jusqu'au

N° d'adhésion	Date d'adhésion	Nouveau membre	Nom et prénom	Email
	__/__/____	○ Oui ○ Non		
	__/__/____	○ Oui ○ Non		
	__/__/____	○ Oui ○ Non		
	__/__/____	○ Oui ○ Non		
	__/__/____	○ Oui ○ Non		
	__/__/____	○ Oui ○ Non		
	__/__/____	○ Oui ○ Non		
	__/__/____	○ Oui ○ Non		
	__/__/____	○ Oui ○ Non		
	__/__/____	○ Oui ○ Non		
	__/__/____	○ Oui ○ Non		
	__/__/____	○ Oui ○ Non		
	__/__/____	○ Oui ○ Non		
	__/__/____	○ Oui ○ Non		
	__/__/____	○ Oui ○ Non		
	__/__/____	○ Oui ○ Non		
	__/__/____	○ Oui ○ Non		
	__/__/____	○ Oui ○ Non		
	__/__/____	○ Oui ○ Non		
	__/__/____	○ Oui ○ Non		
	__/__/____	○ Oui ○ Non		
	__/__/____	○ Oui ○ Non		
	__/__/____	○ Oui ○ Non		
N° d'adhésion	Date d'adhésion	Nouveau membre	Nom et prénom	Email

Adresse	Téléphone	Montant de règlement	Nature de règlement	Valable jusqu'au
				_/_/____
				_/_/____
				_/_/____
				_/_/____
				_/_/____
				_/_/____
				_/_/____
				_/_/____
				_/_/____
				_/_/____
				_/_/____
				_/_/____
				_/_/____
				_/_/____
				_/_/____
				_/_/____
				_/_/____
				_/_/____
				_/_/____
				_/_/____
				_/_/____
				_/_/____
Adresse	Téléphone	Montant de règlement	Nature de règlement	Valable jusqu'au

N° d'adhésion	Date d'adhésion	Nouveau membre	Nom et prénom	Email
	_/_/____	○Oui ○Non		
	_/_/____	○Oui ○Non		
	_/_/____	○Oui ○Non		
	_/_/____	○Oui ○Non		
	_/_/____	○Oui ○Non		
	_/_/____	○Oui ○Non		
	_/_/____	○Oui ○Non		
	_/_/____	○Oui ○Non		
	_/_/____	○Oui ○Non		
	_/_/____	○Oui ○Non		
	_/_/____	○Oui ○Non		
	_/_/____	○Oui ○Non		
	_/_/____	○Oui ○Non		
	_/_/____	○Oui ○Non		
	_/_/____	○Oui ○Non		
	_/_/____	○Oui ○Non		
	_/_/____	○Oui ○Non		
	_/_/____	○Oui ○Non		
	_/_/____	○Oui ○Non		
	_/_/____	○Oui ○Non		
	_/_/____	○Oui ○Non		
	_/_/____	○Oui ○Non		
	_/_/____	○Oui ○Non		
N° d'adhésion	Date d'adhésion	Nouveau membre	Nom et prénom	Email

Adresse	Téléphone	Montant de règlement	Nature de règlement	Valable jusqu'au
				_/_/____
				_/_/____
				_/_/____
				_/_/____
				_/_/____
				_/_/____
				_/_/____
				_/_/____
				_/_/____
				_/_/____
				_/_/____
				_/_/____
				_/_/____
				_/_/____
				_/_/____
				_/_/____
				_/_/____
				_/_/____
				_/_/____
				_/_/____
				_/_/____
				_/_/____
Adresse	Téléphone	Montant de règlement	Nature de règlement	Valable jusqu'au

N° d'adhésion	Date d'adhésion	Nouveau membre	Nom et prénom	Email
	__/__/____	○ Oui ○ Non		
	__/__/____	○ Oui ○ Non		
	__/__/____	○ Oui ○ Non		
	__/__/____	○ Oui ○ Non		
	__/__/____	○ Oui ○ Non		
	__/__/____	○ Oui ○ Non		
	__/__/____	○ Oui ○ Non		
	__/__/____	○ Oui ○ Non		
	__/__/____	○ Oui ○ Non		
	__/__/____	○ Oui ○ Non		
	__/__/____	○ Oui ○ Non		
	__/__/____	○ Oui ○ Non		
	__/__/____	○ Oui ○ Non		
	__/__/____	○ Oui ○ Non		
	__/__/____	○ Oui ○ Non		
	__/__/____	○ Oui ○ Non		
	__/__/____	○ Oui ○ Non		
	__/__/____	○ Oui ○ Non		
	__/__/____	○ Oui ○ Non		
	__/__/____	○ Oui ○ Non		
	__/__/____	○ Oui ○ Non		
	__/__/____	○ Oui ○ Non		
	__/__/____	○ Oui ○ Non		
N° d'adhésion	Date d'adhésion	Nouveau membre	Nom et prénom	Email

Adresse	Téléphone	Montant de règlement	Nature de règlement	Valable jusqu'au
				_ _/_ _/_ _ _ _
				_ _/_ _/_ _ _ _
				_ _/_ _/_ _ _ _
				_ _/_ _/_ _ _ _
				_ _/_ _/_ _ _ _
				_ _/_ _/_ _ _ _
				_ _/_ _/_ _ _ _
				_ _/_ _/_ _ _ _
				_ _/_ _/_ _ _ _
				_ _/_ _/_ _ _ _
				_ _/_ _/_ _ _ _
				_ _/_ _/_ _ _ _
				_ _/_ _/_ _ _ _
				_ _/_ _/_ _ _ _
				_ _/_ _/_ _ _ _
				_ _/_ _/_ _ _ _
				_ _/_ _/_ _ _ _
				_ _/_ _/_ _ _ _
				_ _/_ _/_ _ _ _
				_ _/_ _/_ _ _ _
				_ _/_ _/_ _ _ _
				_ _/_ _/_ _ _ _

N° d'adhésion	Date d'adhésion	Nouveau membre	Nom et prénom	Email
	_/_/____	◯Oui ◯Non		
	_/_/____	◯Oui ◯Non		
	_/_/____	◯Oui ◯Non		
	_/_/____	◯Oui ◯Non		
	_/_/____	◯Oui ◯Non		
	_/_/____	◯Oui ◯Non		
	_/_/____	◯Oui ◯Non		
	_/_/____	◯Oui ◯Non		
	_/_/____	◯Oui ◯Non		
	_/_/____	◯Oui ◯Non		
	_/_/____	◯Oui ◯Non		
	_/_/____	◯Oui ◯Non		
	_/_/____	◯Oui ◯Non		
	_/_/____	◯Oui ◯Non		
	_/_/____	◯Oui ◯Non		
	_/_/____	◯Oui ◯Non		
	_/_/____	◯Oui ◯Non		
	_/_/____	◯Oui ◯Non		
	_/_/____	◯Oui ◯Non		
	_/_/____	◯Oui ◯Non		
	_/_/____	◯Oui ◯Non		
	_/_/____	◯Oui ◯Non		
	_/_/____	◯Oui ◯Non		
	_/_/____	◯Oui ◯Non		

Adresse	Téléphone	Montant de règlement	Nature de règlement	Valable jusqu'au
				__/__/____
				__/__/____
				__/__/____
				__/__/____
				__/__/____
				__/__/____
				__/__/____
				__/__/____
				__/__/____
				__/__/____
				__/__/____
				__/__/____
				__/__/____
				__/__/____
				__/__/____
				__/__/____
				__/__/____
				__/__/____
				__/__/____
				__/__/____
				__/__/____
				__/__/____
				__/__/____
Adresse	Téléphone	Montant de règlement	Nature de règlement	Valable jusqu'au

N° d'adhésion	Date d'adhésion	Nouveau membre	Nom et prénom	Email
	__/__/____	○ Oui ○ Non		
	__/__/____	○ Oui ○ Non		
	__/__/____	○ Oui ○ Non		
	__/__/____	○ Oui ○ Non		
	__/__/____	○ Oui ○ Non		
	__/__/____	○ Oui ○ Non		
	__/__/____	○ Oui ○ Non		
	__/__/____	○ Oui ○ Non		
	__/__/____	○ Oui ○ Non		
	__/__/____	○ Oui ○ Non		
	__/__/____	○ Oui ○ Non		
	__/__/____	○ Oui ○ Non		
	__/__/____	○ Oui ○ Non		
	__/__/____	○ Oui ○ Non		
	__/__/____	○ Oui ○ Non		
	__/__/____	○ Oui ○ Non		
	__/__/____	○ Oui ○ Non		
	__/__/____	○ Oui ○ Non		
	__/__/____	○ Oui ○ Non		
	__/__/____	○ Oui ○ Non		
	__/__/____	○ Oui ○ Non		
	__/__/____	○ Oui ○ Non		
	__/__/____	○ Oui ○ Non		
N° d'adhésion	Date d'adhésion	Nouveau membre	Nom et prénom	Email

Adresse	Téléphone	Montant de règlement	Nature de règlement	Valable jusqu'au
				_/_/____
				_/_/____
				_/_/____
				_/_/____
				_/_/____
				_/_/____
				_/_/____
				_/_/____
				_/_/____
				_/_/____
				_/_/____
				_/_/____
				_/_/____
				_/_/____
				_/_/____
				_/_/____
				_/_/____
				_/_/____
				_/_/____
				_/_/____
				_/_/____
				_/_/____
				_/_/____

N° d'adhésion	Date d'adhésion	Nouveau membre	Nom et prénom	Email
	__/__/____	○ Oui ○ Non		
	__/__/____	○ Oui ○ Non		
	__/__/____	○ Oui ○ Non		
	__/__/____	○ Oui ○ Non		
	__/__/____	○ Oui ○ Non		
	__/__/____	○ Oui ○ Non		
	__/__/____	○ Oui ○ Non		
	__/__/____	○ Oui ○ Non		
	__/__/____	○ Oui ○ Non		
	__/__/____	○ Oui ○ Non		
	__/__/____	○ Oui ○ Non		
	__/__/____	○ Oui ○ Non		
	__/__/____	○ Oui ○ Non		
	__/__/____	○ Oui ○ Non		
	__/__/____	○ Oui ○ Non		
	__/__/____	○ Oui ○ Non		
	__/__/____	○ Oui ○ Non		
	__/__/____	○ Oui ○ Non		
	__/__/____	○ Oui ○ Non		
	__/__/____	○ Oui ○ Non		
	__/__/____	○ Oui ○ Non		
	__/__/____	○ Oui ○ Non		
	__/__/____	○ Oui ○ Non		

Adresse	Téléphone	Montant de règlement	Nature de règlement	Valable jusqu'au
				_ _/_ _/_ _ _ _
				_ _/_ _/_ _ _ _
				_ _/_ _/_ _ _ _
				_ _/_ _/_ _ _ _
				_ _/_ _/_ _ _ _
				_ _/_ _/_ _ _ _
				_ _/_ _/_ _ _ _
				_ _/_ _/_ _ _ _
				_ _/_ _/_ _ _ _
				_ _/_ _/_ _ _ _
				_ _/_ _/_ _ _ _
				_ _/_ _/_ _ _ _
				_ _/_ _/_ _ _ _
				_ _/_ _/_ _ _ _
				_ _/_ _/_ _ _ _
				_ _/_ _/_ _ _ _
				_ _/_ _/_ _ _ _
				_ _/_ _/_ _ _ _
				_ _/_ _/_ _ _ _
				_ _/_ _/_ _ _ _
				_ _/_ _/_ _ _ _
				_ _/_ _/_ _ _ _
				_ _/_ _/_ _ _ _
Adresse	Téléphone	Montant de règlement	Nature de règlement	Valable jusqu'au

N° d'adhésion	Date d'adhésion	Nouveau membre	Nom et prénom	Email
	__/__/____	○ Oui ○ Non		
	__/__/____	○ Oui ○ Non		
	__/__/____	○ Oui ○ Non		
	__/__/____	○ Oui ○ Non		
	__/__/____	○ Oui ○ Non		
	__/__/____	○ Oui ○ Non		
	__/__/____	○ Oui ○ Non		
	__/__/____	○ Oui ○ Non		
	__/__/____	○ Oui ○ Non		
	__/__/____	○ Oui ○ Non		
	__/__/____	○ Oui ○ Non		
	__/__/____	○ Oui ○ Non		
	__/__/____	○ Oui ○ Non		
	__/__/____	○ Oui ○ Non		
	__/__/____	○ Oui ○ Non		
	__/__/____	○ Oui ○ Non		
	__/__/____	○ Oui ○ Non		
	__/__/____	○ Oui ○ Non		
	__/__/____	○ Oui ○ Non		
	__/__/____	○ Oui ○ Non		
	__/__/____	○ Oui ○ Non		
	__/__/____	○ Oui ○ Non		
	__/__/____	○ Oui ○ Non		
N° d'adhésion	Date d'adhésion	Nouveau membre	Nom et prénom	Email

Adresse	Téléphone	Montant de règlement	Nature de règlement	Valable jusqu'au
				_/_/____
				_/_/____
				_/_/____
				_/_/____
				_/_/____
				_/_/____
				_/_/____
				_/_/____
				_/_/____
				_/_/____
				_/_/____
				_/_/____
				_/_/____
				_/_/____
				_/_/____
				_/_/____
				_/_/____
				_/_/____
				_/_/____
				_/_/____
				_/_/____
				_/_/____
Adresse	Téléphone	Montant de règlement	Nature de règlement	Valable jusqu'au

N° d'adhésion	Date d'adhésion	Nouveau membre	Nom et prénom	Email
	__/__/____	◯Oui ◯Non		
	__/__/____	◯Oui ◯Non		
	__/__/____	◯Oui ◯Non		
	__/__/____	◯Oui ◯Non		
	__/__/____	◯Oui ◯Non		
	__/__/____	◯Oui ◯Non		
	__/__/____	◯Oui ◯Non		
	__/__/____	◯Oui ◯Non		
	__/__/____	◯Oui ◯Non		
	__/__/____	◯Oui ◯Non		
	__/__/____	◯Oui ◯Non		
	__/__/____	◯Oui ◯Non		
	__/__/____	◯Oui ◯Non		
	__/__/____	◯Oui ◯Non		
	__/__/____	◯Oui ◯Non		
	__/__/____	◯Oui ◯Non		
	__/__/____	◯Oui ◯Non		
	__/__/____	◯Oui ◯Non		
	__/__/____	◯Oui ◯Non		
	__/__/____	◯Oui ◯Non		
	__/__/____	◯Oui ◯Non		
	__/__/____	◯Oui ◯Non		
	__/__/____	◯Oui ◯Non		

Adresse	Téléphone	Montant de règlement	Nature de règlement	Valable jusqu'au
				_/_/____
				_/_/____
				_/_/____
				_/_/____
				_/_/____
				_/_/____
				_/_/____
				_/_/____
				_/_/____
				_/_/____
				_/_/____
				_/_/____
				_/_/____
				_/_/____
				_/_/____
				_/_/____
				_/_/____
				_/_/____
				_/_/____
				_/_/____
				_/_/____
				_/_/____
Adresse	Téléphone	Montant de règlement	Nature de règlement	Valable jusqu'au

N° d'adhésion	Date d'adhésion	Nouveau membre	Nom et prénom	Email
	__/__/____	◯ Oui ◯ Non		
	__/__/____	◯ Oui ◯ Non		
	__/__/____	◯ Oui ◯ Non		
	__/__/____	◯ Oui ◯ Non		
	__/__/____	◯ Oui ◯ Non		
	__/__/____	◯ Oui ◯ Non		
	__/__/____	◯ Oui ◯ Non		
	__/__/____	◯ Oui ◯ Non		
	__/__/____	◯ Oui ◯ Non		
	__/__/____	◯ Oui ◯ Non		
	__/__/____	◯ Oui ◯ Non		
	__/__/____	◯ Oui ◯ Non		
	__/__/____	◯ Oui ◯ Non		
	__/__/____	◯ Oui ◯ Non		
	__/__/____	◯ Oui ◯ Non		
	__/__/____	◯ Oui ◯ Non		
	__/__/____	◯ Oui ◯ Non		
	__/__/____	◯ Oui ◯ Non		
	__/__/____	◯ Oui ◯ Non		
	__/__/____	◯ Oui ◯ Non		
	__/__/____	◯ Oui ◯ Non		
	__/__/____	◯ Oui ◯ Non		
	__/__/____	◯ Oui ◯ Non		
N° d'adhésion	Date d'adhésion	Nouveau membre	Nom et prénom	Email

Adresse	Téléphone	Montant de règlement	Nature de règlement	Valable jusqu'au
				_/_/____
				_/_/____
				_/_/____
				_/_/____
				_/_/____
				_/_/____
				_/_/____
				_/_/____
				_/_/____
				_/_/____
				_/_/____
				_/_/____
				_/_/____
				_/_/____
				_/_/____
				_/_/____
				_/_/____
				_/_/____
				_/_/____
				_/_/____
				_/_/____
				_/_/____

N° d'adhésion	Date d'adhésion	Nouveau membre	Nom et prénom	Email
	_/_/____	◯Oui ◯Non		
	_/_/____	◯Oui ◯Non		
	_/_/____	◯Oui ◯Non		
	_/_/____	◯Oui ◯Non		
	_/_/____	◯Oui ◯Non		
	_/_/____	◯Oui ◯Non		
	_/_/____	◯Oui ◯Non		
	_/_/____	◯Oui ◯Non		
	_/_/____	◯Oui ◯Non		
	_/_/____	◯Oui ◯Non		
	_/_/____	◯Oui ◯Non		
	_/_/____	◯Oui ◯Non		
	_/_/____	◯Oui ◯Non		
	_/_/____	◯Oui ◯Non		
	_/_/____	◯Oui ◯Non		
	_/_/____	◯Oui ◯Non		
	_/_/____	◯Oui ◯Non		
	_/_/____	◯Oui ◯Non		
	_/_/____	◯Oui ◯Non		
	_/_/____	◯Oui ◯Non		
	_/_/____	◯Oui ◯Non		
	_/_/____	◯Oui ◯Non		
	_/_/____	◯Oui ◯Non		
	_/_/____	◯Oui ◯Non		

Adresse	Téléphone	Montant de règlement	Nature de règlement	Valable jusqu'au
				_/_/_
				_/_/_
				_/_/_
				_/_/_
				_/_/_
				_/_/_
				_/_/_
				_/_/_
				_/_/_
				_/_/_
				_/_/_
				_/_/_
				_/_/_
				_/_/_
				_/_/_
				_/_/_
				_/_/_
				_/_/_
				_/_/_
				_/_/_
				_/_/_
				_/_/_
				_/_/_
Adresse	Téléphone	Montant de règlement	Nature de règlement	Valable jusqu'au

N° d'adhésion	Date d'adhésion	Nouveau membre	Nom et prénom	Email
	__/__/____	◯Oui ◯Non		
	__/__/____	◯Oui ◯Non		
	__/__/____	◯Oui ◯Non		
	__/__/____	◯Oui ◯Non		
	__/__/____	◯Oui ◯Non		
	__/__/____	◯Oui ◯Non		
	__/__/____	◯Oui ◯Non		
	__/__/____	◯Oui ◯Non		
	__/__/____	◯Oui ◯Non		
	__/__/____	◯Oui ◯Non		
	__/__/____	◯Oui ◯Non		
	__/__/____	◯Oui ◯Non		
	__/__/____	◯Oui ◯Non		
	__/__/____	◯Oui ◯Non		
	__/__/____	◯Oui ◯Non		
	__/__/____	◯Oui ◯Non		
	__/__/____	◯Oui ◯Non		
	__/__/____	◯Oui ◯Non		
	__/__/____	◯Oui ◯Non		
	__/__/____	◯Oui ◯Non		
	__/__/____	◯Oui ◯Non		
	__/__/____	◯Oui ◯Non		
	__/__/____	◯Oui ◯Non		
N° d'adhésion	Date d'adhésion	Nouveau membre		

Adresse	Téléphone	Montant de règlement	Nature de règlement	Valable jusqu'au
				_/_/____
				_/_/____
				_/_/____
				_/_/____
				_/_/____
				_/_/____
				_/_/____
				_/_/____
				_/_/____
				_/_/____
				_/_/____
				_/_/____
				_/_/____
				_/_/____
				_/_/____
				_/_/____
				_/_/____
				_/_/____
				_/_/____
				_/_/____
				_/_/____
				_/_/____
Adresse	Téléphone	Montant de règlement	Nature de règlement	Valable jusqu'au

N° d'adhésion	Date d'adhésion	Nouveau membre	Nom et prénom	Email
	_ _/_ _/_ _ _ _	○ Oui ○ Non		
	_ _/_ _/_ _ _ _	○ Oui ○ Non		
	_ _/_ _/_ _ _ _	○ Oui ○ Non		
	_ _/_ _/_ _ _ _	○ Oui ○ Non		
	_ _/_ _/_ _ _ _	○ Oui ○ Non		
	_ _/_ _/_ _ _ _	○ Oui ○ Non		
	_ _/_ _/_ _ _ _	○ Oui ○ Non		
	_ _/_ _/_ _ _ _	○ Oui ○ Non		
	_ _/_ _/_ _ _ _	○ Oui ○ Non		
	_ _/_ _/_ _ _ _	○ Oui ○ Non		
	_ _/_ _/_ _ _ _	○ Oui ○ Non		
	_ _/_ _/_ _ _ _	○ Oui ○ Non		
	_ _/_ _/_ _ _ _	○ Oui ○ Non		
	_ _/_ _/_ _ _ _	○ Oui ○ Non		
	_ _/_ _/_ _ _ _	○ Oui ○ Non		
	_ _/_ _/_ _ _ _	○ Oui ○ Non		
	_ _/_ _/_ _ _ _	○ Oui ○ Non		
	_ _/_ _/_ _ _ _	○ Oui ○ Non		
	_ _/_ _/_ _ _ _	○ Oui ○ Non		
	_ _/_ _/_ _ _ _	○ Oui ○ Non		
	_ _/_ _/_ _ _ _	○ Oui ○ Non		
	_ _/_ _/_ _ _ _	○ Oui ○ Non		
	_ _/_ _/_ _ _ _	○ Oui ○ Non		
	_ _/_ _/_ _ _ _	○ Oui ○ Non		

Adresse	Téléphone	Montant de règlement	Nature de règlement	Valable jusqu'au
				_/_/____
				_/_/____
				_/_/____
				_/_/____
				_/_/____
				_/_/____
				_/_/____
				_/_/____
				_/_/____
				_/_/____
				_/_/____
				_/_/____
				_/_/____
				_/_/____
				_/_/____
				_/_/____
				_/_/____
				_/_/____
				_/_/____
				_/_/____
				_/_/____
				_/_/____
				_/_/____

N° d'adhésion	Date d'adhésion	Nouveau membre	Nom et prénom	Email
	_/_/____	○ Oui ○ Non		
	_/_/____	○ Oui ○ Non		
	_/_/____	○ Oui ○ Non		
	_/_/____	○ Oui ○ Non		
	_/_/____	○ Oui ○ Non		
	_/_/____	○ Oui ○ Non		
	_/_/____	○ Oui ○ Non		
	_/_/____	○ Oui ○ Non		
	_/_/____	○ Oui ○ Non		
	_/_/____	○ Oui ○ Non		
	_/_/____	○ Oui ○ Non		
	_/_/____	○ Oui ○ Non		
	_/_/____	○ Oui ○ Non		
	_/_/____	○ Oui ○ Non		
	_/_/____	○ Oui ○ Non		
	_/_/____	○ Oui ○ Non		
	_/_/____	○ Oui ○ Non		
	_/_/____	○ Oui ○ Non		
	_/_/____	○ Oui ○ Non		
	_/_/____	○ Oui ○ Non		
	_/_/____	○ Oui ○ Non		
	_/_/____	○ Oui ○ Non		
	_/_/____	○ Oui ○ Non		
	_/_/____	○ Oui ○ Non		

Adresse	Téléphone	Montant de règlement	Nature de règlement	Valable jusqu'au
				_/_/____
				_/_/____
				_/_/____
				_/_/____
				_/_/____
				_/_/____
				_/_/____
				_/_/____
				_/_/____
				_/_/____
				_/_/____
				_/_/____
				_/_/____
				_/_/____
				_/_/____
				_/_/____
				_/_/____
				_/_/____
				_/_/____
				_/_/____
				_/_/____
				_/_/____
Adresse	Téléphone	Montant de règlement	Nature de règlement	Valable jusqu'au

N° d'adhésion	Date d'adhésion	Nouveau membre	Nom et prénom	Email
	_/_/____	○ Oui ○ Non		
	_/_/____	○ Oui ○ Non		
	_/_/____	○ Oui ○ Non		
	_/_/____	○ Oui ○ Non		
	_/_/____	○ Oui ○ Non		
	_/_/____	○ Oui ○ Non		
	_/_/____	○ Oui ○ Non		
	_/_/____	○ Oui ○ Non		
	_/_/____	○ Oui ○ Non		
	_/_/____	○ Oui ○ Non		
	_/_/____	○ Oui ○ Non		
	_/_/____	○ Oui ○ Non		
	_/_/____	○ Oui ○ Non		
	_/_/____	○ Oui ○ Non		
	_/_/____	○ Oui ○ Non		
	_/_/____	○ Oui ○ Non		
	_/_/____	○ Oui ○ Non		
	_/_/____	○ Oui ○ Non		
	_/_/____	○ Oui ○ Non		
	_/_/____	○ Oui ○ Non		
	_/_/____	○ Oui ○ Non		
	_/_/____	○ Oui ○ Non		
	_/_/____	○ Oui ○ Non		
	_/_/____	○ Oui ○ Non		

Adresse	Téléphone	Montant de règlement	Nature de règlement	Valable jusqu'au
				_/_/____
				_/_/____
				_/_/____
				_/_/____
				_/_/____
				_/_/____
				_/_/____
				_/_/____
				_/_/____
				_/_/____
				_/_/____
				_/_/____
				_/_/____
				_/_/____
				_/_/____
				_/_/____
				_/_/____
				_/_/____
				_/_/____
				_/_/____
				_/_/____
				_/_/____

N° d'adhésion	Date d'adhésion	Nouveau membre	Nom et prénom	Email
	__/__/____	○ Oui ○ Non		
	__/__/____	○ Oui ○ Non		
	__/__/____	○ Oui ○ Non		
	__/__/____	○ Oui ○ Non		
	__/__/____	○ Oui ○ Non		
	__/__/____	○ Oui ○ Non		
	__/__/____	○ Oui ○ Non		
	__/__/____	○ Oui ○ Non		
	__/__/____	○ Oui ○ Non		
	__/__/____	○ Oui ○ Non		
	__/__/____	○ Oui ○ Non		
	__/__/____	○ Oui ○ Non		
	__/__/____	○ Oui ○ Non		
	__/__/____	○ Oui ○ Non		
	__/__/____	○ Oui ○ Non		
	__/__/____	○ Oui ○ Non		
	__/__/____	○ Oui ○ Non		
	__/__/____	○ Oui ○ Non		
	__/__/____	○ Oui ○ Non		
	__/__/____	○ Oui ○ Non		
	__/__/____	○ Oui ○ Non		
	__/__/____	○ Oui ○ Non		
N° d'adhésion	Date d'adhésion	Nouveau membre	Nom et prénom	Email

Adresse	Téléphone	Montant de règlement	Nature de règlement	Valable jusqu'au
				_/_/____
				_/_/____
				_/_/____
				_/_/____
				_/_/____
				_/_/____
				_/_/____
				_/_/____
				_/_/____
				_/_/____
				_/_/____
				_/_/____
				_/_/____
				_/_/____
				_/_/____
				_/_/____
				_/_/____
				_/_/____
				_/_/____
				_/_/____
				_/_/____
				_/_/____
				_/_/____
Adresse	Téléphone	Montant de règlement	Nature de règlement	Valable jusqu'au

N° d'adhésion	Date d'adhésion	Nouveau membre	Nom et prénom	Email
	_/_/____	○ Oui ○ Non		
	_/_/____	○ Oui ○ Non		
	_/_/____	○ Oui ○ Non		
	_/_/____	○ Oui ○ Non		
	_/_/____	○ Oui ○ Non		
	_/_/____	○ Oui ○ Non		
	_/_/____	○ Oui ○ Non		
	_/_/____	○ Oui ○ Non		
	_/_/____	○ Oui ○ Non		
	_/_/____	○ Oui ○ Non		
	_/_/____	○ Oui ○ Non		
	_/_/____	○ Oui ○ Non		
	_/_/____	○ Oui ○ Non		
	_/_/____	○ Oui ○ Non		
	_/_/____	○ Oui ○ Non		
	_/_/____	○ Oui ○ Non		
	_/_/____	○ Oui ○ Non		
	_/_/____	○ Oui ○ Non		
	_/_/____	○ Oui ○ Non		
	_/_/____	○ Oui ○ Non		
	_/_/____	○ Oui ○ Non		
	_/_/____	○ Oui ○ Non		
	_/_/____	○ Oui ○ Non		
	_/_/____	○ Oui ○ Non		
N° d'adhésion	Date d'adhésion	Nouveau membre	Nom et prénom	Email

Adresse	Téléphone	Montant de règlement	Nature de règlement	Valable jusqu'au
				_/_/___
				_/_/___
				_/_/___
				_/_/___
				_/_/___
				_/_/___
				_/_/___
				_/_/___
				_/_/___
				_/_/___
				_/_/___
				_/_/___
				_/_/___
				_/_/___
				_/_/___
				_/_/___
				_/_/___
				_/_/___
				_/_/___
				_/_/___
				_/_/___
				_/_/___
Adresse	Téléphone	Montant de règlement	Nature de règlement	Valable jusqu'au

N° d'adhésion	Date d'adhésion	Nouveau membre	Nom et prénom	Email
	__/__/____	◯ Oui ◯ Non		
	__/__/____	◯ Oui ◯ Non		
	__/__/____	◯ Oui ◯ Non		
	__/__/____	◯ Oui ◯ Non		
	__/__/____	◯ Oui ◯ Non		
	__/__/____	◯ Oui ◯ Non		
	__/__/____	◯ Oui ◯ Non		
	__/__/____	◯ Oui ◯ Non		
	__/__/____	◯ Oui ◯ Non		
	__/__/____	◯ Oui ◯ Non		
	__/__/____	◯ Oui ◯ Non		
	__/__/____	◯ Oui ◯ Non		
	__/__/____	◯ Oui ◯ Non		
	__/__/____	◯ Oui ◯ Non		
	__/__/____	◯ Oui ◯ Non		
	__/__/____	◯ Oui ◯ Non		
	__/__/____	◯ Oui ◯ Non		
	__/__/____	◯ Oui ◯ Non		
	__/__/____	◯ Oui ◯ Non		
	__/__/____	◯ Oui ◯ Non		
	__/__/____	◯ Oui ◯ Non		
	__/__/____	◯ Oui ◯ Non		
	__/__/____	◯ Oui ◯ Non		

Adresse	Téléphone	Montant de règlement	Nature de règlement	Valable jusqu'au
				_/_/____
				_/_/____
				_/_/____
				_/_/____
				_/_/____
				_/_/____
				_/_/____
				_/_/____
				_/_/____
				_/_/____
				_/_/____
				_/_/____
				_/_/____
				_/_/____
				_/_/____
				_/_/____
				_/_/____
				_/_/____
				_/_/____
				_/_/____
				_/_/____
				_/_/____

N° d'adhésion	Date d'adhésion	Nouveau membre	Nom et prénom	Email
	__/__/____	○ Oui ○ Non		
	__/__/____	○ Oui ○ Non		
	__/__/____	○ Oui ○ Non		
	__/__/____	○ Oui ○ Non		
	__/__/____	○ Oui ○ Non		
	__/__/____	○ Oui ○ Non		
	__/__/____	○ Oui ○ Non		
	__/__/____	○ Oui ○ Non		
	__/__/____	○ Oui ○ Non		
	__/__/____	○ Oui ○ Non		
	__/__/____	○ Oui ○ Non		
	__/__/____	○ Oui ○ Non		
	__/__/____	○ Oui ○ Non		
	__/__/____	○ Oui ○ Non		
	__/__/____	○ Oui ○ Non		
	__/__/____	○ Oui ○ Non		
	__/__/____	○ Oui ○ Non		
	__/__/____	○ Oui ○ Non		
	__/__/____	○ Oui ○ Non		
	__/__/____	○ Oui ○ Non		
	__/__/____	○ Oui ○ Non		
	__/__/____	○ Oui ○ Non		
	__/__/____	○ Oui ○ Non		
N° d'adhésion	Date d'adhésion	Nouveau membre	Nom et prénom	Email

Adresse	Téléphone	Montant de règlement	Nature de règlement	Valable jusqu'au
				_/_/____
				_/_/____
				_/_/____
				_/_/____
				_/_/____
				_/_/____
				_/_/____
				_/_/____
				_/_/____
				_/_/____
				_/_/____
				_/_/____
				_/_/____
				_/_/____
				_/_/____
				_/_/____
				_/_/____
				_/_/____
				_/_/____
				_/_/____
				_/_/____
				_/_/____
Adresse	Téléphone	Montant de règlement	Nature de règlement	Valable jusqu'au

N° d'adhésion	Date d'adhésion	Nouveau membre	Nom et prénom	Email
	_/_/____	⚪Oui ⚪Non		
	_/_/____	⚪Oui ⚪Non		
	_/_/____	⚪Oui ⚪Non		
	_/_/____	⚪Oui ⚪Non		
	_/_/____	⚪Oui ⚪Non		
	_/_/____	⚪Oui ⚪Non		
	_/_/____	⚪Oui ⚪Non		
	_/_/____	⚪Oui ⚪Non		
	_/_/____	⚪Oui ⚪Non		
	_/_/____	⚪Oui ⚪Non		
	_/_/____	⚪Oui ⚪Non		
	_/_/____	⚪Oui ⚪Non		
	_/_/____	⚪Oui ⚪Non		
	_/_/____	⚪Oui ⚪Non		
	_/_/____	⚪Oui ⚪Non		
	_/_/____	⚪Oui ⚪Non		
	_/_/____	⚪Oui ⚪Non		
	_/_/____	⚪Oui ⚪Non		
	_/_/____	⚪Oui ⚪Non		
	_/_/____	⚪Oui ⚪Non		
	_/_/____	⚪Oui ⚪Non		
	_/_/____	⚪Oui ⚪Non		
	_/_/____	⚪Oui ⚪Non		
N° d'adhésion	Date d'adhésion	Nouveau membre	Nom et prénom	Email

Adresse	Téléphone	Montant de règlement	Nature de règlement	Valable jusqu'au
				_/_/_
				_/_/_
				_/_/_
				_/_/_
				_/_/_
				_/_/_
				_/_/_
				_/_/_
				_/_/_
				_/_/_
				_/_/_
				_/_/_
				_/_/_
				_/_/_
				_/_/_
				_/_/_
				_/_/_
				_/_/_
				_/_/_
				_/_/_
				_/_/_
				_/_/_
				_/_/_
Adresse	Téléphone	Montant de règlement	Nature de règlement	Valable jusqu'au

N° d'adhésion	Date d'adhésion	Nouveau membre	Nom et prénom	Email
	__/__/____	◯ Oui ◯ Non		
	__/__/____	◯ Oui ◯ Non		
	__/__/____	◯ Oui ◯ Non		
	__/__/____	◯ Oui ◯ Non		
	__/__/____	◯ Oui ◯ Non		
	__/__/____	◯ Oui ◯ Non		
	__/__/____	◯ Oui ◯ Non		
	__/__/____	◯ Oui ◯ Non		
	__/__/____	◯ Oui ◯ Non		
	__/__/____	◯ Oui ◯ Non		
	__/__/____	◯ Oui ◯ Non		
	__/__/____	◯ Oui ◯ Non		
	__/__/____	◯ Oui ◯ Non		
	__/__/____	◯ Oui ◯ Non		
	__/__/____	◯ Oui ◯ Non		
	__/__/____	◯ Oui ◯ Non		
	__/__/____	◯ Oui ◯ Non		
	__/__/____	◯ Oui ◯ Non		
	__/__/____	◯ Oui ◯ Non		
	__/__/____	◯ Oui ◯ Non		
	__/__/____	◯ Oui ◯ Non		
	__/__/____	◯ Oui ◯ Non		
	__/__/____	◯ Oui ◯ Non		

Adresse	Téléphone	Montant de règlement	Nature de règlement	Valable jusqu'au
				__/__/____
				__/__/____
				__/__/____
				__/__/____
				__/__/____
				__/__/____
				__/__/____
				__/__/____
				__/__/____
				__/__/____
				__/__/____
				__/__/____
				__/__/____
				__/__/____
				__/__/____
				__/__/____
				__/__/____
				__/__/____
				__/__/____
				__/__/____
				__/__/____

N° d'adhésion	Date d'adhésion	Nouveau membre	Nom et prénom	Email
	__/__/____	◯ Oui ◯ Non		
	__/__/____	◯ Oui ◯ Non		
	__/__/____	◯ Oui ◯ Non		
	__/__/____	◯ Oui ◯ Non		
	__/__/____	◯ Oui ◯ Non		
	__/__/____	◯ Oui ◯ Non		
	__/__/____	◯ Oui ◯ Non		
	__/__/____	◯ Oui ◯ Non		
	__/__/____	◯ Oui ◯ Non		
	__/__/____	◯ Oui ◯ Non		
	__/__/____	◯ Oui ◯ Non		
	__/__/____	◯ Oui ◯ Non		
	__/__/____	◯ Oui ◯ Non		
	__/__/____	◯ Oui ◯ Non		
	__/__/____	◯ Oui ◯ Non		
	__/__/____	◯ Oui ◯ Non		
	__/__/____	◯ Oui ◯ Non		
	__/__/____	◯ Oui ◯ Non		
	__/__/____	◯ Oui ◯ Non		
	__/__/____	◯ Oui ◯ Non		
	__/__/____	◯ Oui ◯ Non		
	__/__/____	◯ Oui ◯ Non		
	__/__/____	◯ Oui ◯ Non		
N° d'adhésion	Date d'adhésion	Nouveau membre	Nom et prénom	Email

Adresse	Téléphone	Montant de règlement	Nature de règlement	Valable jusqu'au
				_/_/___
				_/_/___
				_/_/___
				_/_/___
				_/_/___
				_/_/___
				_/_/___
				_/_/___
				_/_/___
				_/_/___
				_/_/___
				_/_/___
				_/_/___
				_/_/___
				_/_/___
				_/_/___
				_/_/___
				_/_/___
				_/_/___
				_/_/___
				_/_/___
				_/_/___
				_/_/___

N° d'adhésion	Date d'adhésion	Nouveau membre	Nom et prénom	Email
	__/__/____	◯Oui ◯Non		
	__/__/____	◯Oui ◯Non		
	__/__/____	◯Oui ◯Non		
	__/__/____	◯Oui ◯Non		
	__/__/____	◯Oui ◯Non		
	__/__/____	◯Oui ◯Non		
	__/__/____	◯Oui ◯Non		
	__/__/____	◯Oui ◯Non		
	__/__/____	◯Oui ◯Non		
	__/__/____	◯Oui ◯Non		
	__/__/____	◯Oui ◯Non		
	__/__/____	◯Oui ◯Non		
	__/__/____	◯Oui ◯Non		
	__/__/____	◯Oui ◯Non		
	__/__/____	◯Oui ◯Non		
	__/__/____	◯Oui ◯Non		
	__/__/____	◯Oui ◯Non		
	__/__/____	◯Oui ◯Non		
	__/__/____	◯Oui ◯Non		
	__/__/____	◯Oui ◯Non		
	__/__/____	◯Oui ◯Non		
	__/__/____	◯Oui ◯Non		
	__/__/____	◯Oui ◯Non		
N° d'adhésion	Date d'adhésion	Nouveau membre	Nom et prénom	Email

Adresse	Téléphone	Montant de règlement	Nature de règlement	Valable jusqu'au
				_/_/_
				_/_/_
				_/_/_
				_/_/_
				_/_/_
				_/_/_
				_/_/_
				_/_/_
				_/_/_
				_/_/_
				_/_/_
				_/_/_
				_/_/_
				_/_/_
				_/_/_
				_/_/_
				_/_/_
				_/_/_
				_/_/_
				_/_/_
				_/_/_
				_/_/_
Adresse	Téléphone	Montant de règlement	Nature de règlement	Valable jusqu'au

Printed in France by Amazon
Brétigny-sur-Orge, FR